Suhrkamp BasisBiographie 2 **Friedrich Schiller**

Leben Werk Wirkung

Volker C. Dörr, geboren 1966, studierte Germanistik, Philosophie und Kunstgeschichte in Bonn. Seit 2002 lehrt er als Privatdozent am Germanistischen Seminar der Universität Bonn. Er ist u. a. Mitherausgeber der beiden Bände »Mit Schiller. Briefe, Tagebücher und Gespräche vom 24. Juni 1794 bis zum 9. Mai 1805« innerhalb der Frankfurter Ausgabe von Goethes Werken.

Friedrich Schiller

Suhrkamp BasisBiographie
von Volker C. Dörr

Suhrkamp BasisBiographie 2 Erste Auflage 2005 Originalausgabe
© Suhrkamp Verlag Frankfurt am Main 2005
Druck: Clausen & Bosse, Leck. Printed in Germany
Umschlag: Hermann Michels und Regina Göllner
ISBN 3-518-18202-1
Die Schreibweise entspricht den Regeln der neuen Rechtschreibung. Zitate
wurden in ihrer ursprünglichen Schreibweise belassen.

1 2 3 4 5 6 – 10 09 08 07 06 05

Inhalt

Anhang

»Freiheit, schöner Götterfunken«

Als Friedrich von Schiller 1805 im Alter von 45 Jahren nach langer schwerer Krankheit starb, hatte er – auch für die Verhältnisse seiner Zeit – nicht eben viel von der Welt gesehen: Er stammt aus einer Kleinstadt am Neckar, seine Wirkungsstätten waren Mannheim, Jena, Weimar. Er ist in Berlin gewesen, aber weder in Wien, Paris noch in Rom. Studiert hat er zunächst Jura, dann Medizin, aber als Arzt praktiziert hat er keine zwei Jahre; später las er als Hochschullehrer über Geschichte und Fragen der Ästhetik. Er hat am Theater gearbeitet und war Herausgeber mehrerer, kommerziell nicht sonderlich erfolgreicher Zeitschriften.

Zunächst grundsätzlich in Geldnöten, blieb er lange von Zuwendungen anderer abhängig. Er schrieb Erzählungen, Gedichte, historische Darstellungen, theoretische Texte über Ästhetik – und Dramen, die ihn schließlich zu einem hoch bezahlten Autor machten. Schuldenfrei ist er dennoch zu Lebzeiten nie gewesen, und erst seine Witwe und die Kinder konnten von den Tantiemen seiner Werke leben. – Ungetrübt strahlender Glanz, spektakuläre Ereignisse, abenteuerliche Reisen also sind es nicht, was das Leben Friedrich Schillers erzählenswert macht.

Auch seine Werke scheinen auf den ersten Blick eigentlich keiner Erläuterung mehr zu bedürfen, sind sie doch in jeder Hinsicht kanonisch. Dass sie stellenweise besonders vertraut wirken, verdankt sich einer Besonderheit der Rezeption: Das eigentümliche Pathos und das Sentenziöse vieler Gedichtverse und Figurenreden haben dazu geführt, dass »unser Schiller« seit jeher in Form von Sammlungen geflügelter Dichterworte unter die Leute gebracht wurde, denen sie als praktische Lebensweisheiten dienen sollten. So, aus dem Zusammenhang gerissen, hoch dosiert, sind Ethos und Pathos des »deutschen Shakespeare« nur noch schwer erträglich, und Nietzsches po-

lemisches Wort vom »Moral-Trompeter von Säckingen« gewinnt eine gewisse Berechtigung.

Sein Denken und sein theoretisches wie poetisches Arbeiten
sind geprägt von der Spannung zwischen der Wirklichkeit des
politischen Lebens in Deutschland auf der einen Seite, dem
Ideal der Schönheit und Freiheit auf der anderen Seite. Diese
Spannung bestimmt auch seine Wirkungsgeschichte, die im
19. Jahrhundert vordringlich auf dem Schauplatz der Politik
stattfindet. Vor allem die Feiern zu seinem hundertsten Geburtstag im Jahre 1859 entfachten eine heute nur noch schwer
nachvollziehbare Begeisterung, die sich quer durch die politischen Lager zog.

Ein Politikum bleibt Schillers Wirkung bis heute. Versuchten
die Nationalsozialisten noch, den Dichterheros als Vorläufer
der völkischen Bewegung zu vereinnahmen, so galt Exilanten
und Widerständlern (und auch solchen, die es später gern gewesen sein wollten) das auf der Bühne deklamierte »Geben Sie
Gedankenfreiheit« des Marquis Posa in *Dom Karlos* als politischer Hoffnungsschimmer. In Zeiten des Kalten Kriegs rekla-
mierte die Kulturpolitik der Bundesrepublik wie der DDR jeweils ihren Schiller vehement für sich, und Weihnachten 1989
ließ Leonard Bernstein im Berliner Schauspielhaus zur Feier
des Falls der Berliner Mauer statt der »Freude« die »Freiheit«
als »schönen Götterfunken« besingen.

All dies gehört untrennbar zur Wirkungsgeschichte Schillers
und seiner Werke – obwohl die Werke, durch das zuweilen
monumentale Wahrheitsethos und -pathos verstellt, dabei oft
aus dem Blick gerieten. Gegen die pathetische Verbrämung
von Ideologie hilft aber wohl die Lektüre der Texte – in einer
doppelten historischen Optik: mit dem Blick einerseits auf
Leben und Werk in ihrem historischen Kontext und andererseits auf die Rezeption des Werks und des Lebens in sich wandelnden historischen Kontexten. Dafür müssen die historischen Rahmenbedingungen in den Blick genommen, müssen
die ästhetischen, psychologischen, historischen und politischen Probleme wiedergewonnen werden, für die Schillers
Texte Lösungen zu formulieren suchten.

Dass sich so verschiedene politische Positionen mit so entschiedener Eindeutigkeit auf Schillers Werk beriefen, zeigt gerade, dass die Texte schon als solche Fragen, Probleme, Aporien darstellen und aufwerfen. Sie sind so ungelöst, wie sie es im Zeitalter der Französischen Revolution und Napoleons waren: Wie lässt sich das schöne Ideal mit der Prosa der Verhältnisse vermitteln? Wie ist in einem als übermächtig empfundenen geschichtlichen Geschehen Freiheit möglich? Was können die schönen Künste noch bewirken – in einer entgötterten, aus den Fugen geratenen Zeit?

Leben

Karlsschüler und Regimentsmedikus (1759-1780)

Es gibt Orte, die auf der Landkarte des Weltgeistes wegen des Zufalls einer einzigen Geburt eingezeichnet sind. Zu ihnen gehört das beschauliche Städtchen Marbach, 25 Kilometer nordöstlich von Stuttgart, den Neckar abwärts gelegen, über dem heute das Schiller-Nationalmuseum und das Deutsche Literaturarchiv thronen. Dass Johann Christoph Friedrich Schiller am 10. November 1759 dort geboren wird, verdankt Marbach dessen Mutter Elisabeth Dorothea, die aus der dort ansässigen Gastwirtsfamilie Kodweiß stammt.

Schillers Vater Johann Caspar war in einfachen Verhältnissen aufgewachsen. Als er neun Jahre alt war, starb sein Vater, so dass er die angefangene Schulausbildung nicht fortsetzen konnte. An ein Studium war erst recht nicht zu denken. Mit zähem Eifer brachte er es aber dahin, bei einem Klosterbarbier in die Lehre gehen zu können. Danach war er Feldscher eines bayerischen Husarenregiments, bevor er sich 1749 als Wundarzt in Marbach niederließ und heiratete.

Weil die Schwiegereltern in finanzielle Not geraten waren, sah sich Schillers Vater 1753 gezwungen, in die Armee Herzog Carl Eugens von Württemberg einzutreten, wo er im Siebenjährigen Krieg (1756-63) auf der Seite Österreichs gegen

Schillers Vater

Schillers Geburtshaus in Marbach am Neckar. Zeichnung von Schillers Enkel Ludwig von Gleichen-Rußwurm, 1859

Preußen kämpfte und es bis zum Leutnant brachte. Als sein Sohn Friedrich, als zweites Kind nach der 1757 geborenen Elisabeth Christophine Friederike, auf die Welt kam, war er mit der Armee auf einem Feldzug in Hessen.

Neben der Lebensgefahr auf den Feldzügen bedeutete die militärische Laufbahn vor allem häufige Ortswechsel – auch für die Familie. Würzburg, Vaihingen, Urach, Cannstatt, Ludwigsburg und Stuttgart sind die nächsten Stationen. 1764 folgt die Familie dem Vater nach Schwäbisch Gmünd. Doch das Leben in der Stadt ist teuer, und so ziehen die Schillers aufs Dorf, nach Lorch, wo 1766 auch die zweite Tochter, Louise Dorothea Katharina, geboren wird.

Die Erinnerungen von Schillers Schwester Christophine zeichnen das Bild einer ländlichen Idylle, über der ein strenger, aber gerechter, vielseitig interessierter und ehrgeiziger Vater wachte. Von früh auf seien geistliche Einflüsse wichtig gewesen: Berühmt geworden ist die Erzählung, wie der »kleine Fritz«, angespornt durch das Vorbild des Lorcher Pfarrers Moser (dessen Namen später die Figur des Pastors in den *Räubern* tragen wird), auf einen Stuhl gestiegen sei, um, behängt mit einer schwarzen Schürze, Predigten zu halten.

Wirtschaftliche Not zwingt die Familie erneut zum Umzug, diesmal nach Ludwigsburg: Der Herzog schuldet dem Vater Sold, der lässt sich im Dezember 1766 im Range eines Hauptmanns zur Garnison in die Residenzstadt zurück versetzen.

Der Vater: Johann Caspar Schiller
Die Mutter: Elisabeth Dorothea Schiller

Dort besucht der Sohn Friedrich, der Geistlicher werden soll, die Lateinschule.

In der Ludwigsburger Zeit macht Schiller auch seine ersten Erfahrungen mit dem Theater. Wie fast alle deutschen Duodezfürsten leistet sich Carl Eugen ein mit großem Aufwand betriebenes Hoftheater, das in Ludwigsburg ein neu erbautes modernes Opernhaus bespielt. Während immer noch freie

Leben

>»Am liebsten hörte er [Schiller] zu, wenn der Vater Stellen aus der Bibel las oder im Familienkreise seine Morgen- und Abendandachten verrichtete, wo er sich immer von seinen liebsten Spielen losmachte und herbeieilte. Es war ein erfreuender Anblick, den Ausdruck der Andacht auf seinem jugendlichen Gesichte zu sehen. Seine frommen blauen Augen zum Himmel gerichtet, das röthlich-gelbe Haar, das seine feine Stirne ummahlte, und die kleinen, mit Inbrunst gefalteten Hände gaben ihm ein himmlisches Ansehen, man mußte ihn lieben.« (Schillers Schwester Christophine Reinwald, *Schillers Jugendjahre*; zit. n. Hecker [Hg.] 1904, S. 21)

Theater in Deutschland

Schauspielergesellschaften über die Lande ziehen und das Publikum mit bunten Mischungen aus Volkstheater und Szenen berühmter Dramen belustigen, werden an den Hoftheatern meist französische klassizistische Tragödien und italienische Opern gegeben. Erst mit der Rückkehr des Theaters ins Stuttgarter Opernhaus, Mitte der 1770er Jahre, werden dort zunehmend auch deutsche Dramen gespielt; Schiller wird neben Shakespeare, dessen Werk den zeitgenössischen Dramatikern als Inbegriff einer ›natürlichen‹ Darstellung des Menschen galt, auch Stücke von Lessing und Goethe gesehen haben.

Der historische Grund für die – selbst heute noch – hohe Theaterdichte in Deutschland, die Zersplitterung in Kleinstaaten, stellt im 18. Jahrhundert vor allem ein Entwicklungshindernis dar. Kurz bevor Schiller seine ersten Opern sieht, hatte Gotthold Ephraim Lessing als Dramaturg des »Hamburgischen Nationaltheaters«, des ersten bürgerlichen festen Theaters in Deutschland, versucht, »den Deutschen ein Nationaltheater zu verschaffen, da wir Deutsche noch keine Nation sind« (Lessing 1986, S. 476) – ein Versuch, dessen theoretischer Ertrag, Lessings *Hamburgische Dramaturgie* (1767-69), erheblich erfolg- und folgenreicher war als das Theater selbst. Schiller wird später mit seinen dramentheoretischen Schriften ebenso wie mit seinen Dramen an Lessing anknüpfen.

Im Dezember 1770 gründet Herzog Carl Eugen auf dem

Landschloss Solitude bei Stuttgart ein Militärwaisenhaus, das schon im Februar zur »Militär-Pflanzschule«, einer Schule für Offiziers- und Beamtenanwärter, die auch Bürgerlichen offen steht, erweitert wird. Zweimal verweigert sich Schillers Vater der Aufforderung des Herzogs, seinen Sohn auf die später so genannte Karlsschule zu schicken; der solle und wolle Theologie studieren, und das ist an dem Militärinstitut unmöglich. Beim dritten Mal schließlich muss der Vater nachgeben, will er sich nicht den Unmut seines Landesvaters zuziehen. Am 16. Januar 1773 wird Schiller Karlsschüler.

Es muss ein Schock für den gerade 13-Jährigen gewesen sein: Abrupt wird er aus einer, trotz der finanziellen Widrigkeiten, doch wohl behüteten Jugend gerissen und muss sich einem **Leben in der** strengen militärischen Reglement unterwerfen. Das Leben ist **Karlsschule** nun von einem strikten Tagesablauf bestimmt, Elternbesuch darf nur sonntags (und lediglich auf schriftlichen Antrag) empfangen werden, Ferien gibt es nicht. Hinzu kommen Perücken- und Uniformzwang. »Da sah mein Schiller komisch aus«, berichtet Mitschüler Friedrich Scharffenstein: »er war für sein Alter lang, hatte Beine beinahe durchaus mit den Schenkeln von einem Caliber, sehr langhalsig, blaß mit kleinen rothumgränzten Augen.« (Zit. n. Hecker [Hg.] 1904, S. 157)

»Verhältnissen zu entfliehen, die mir zur Folter waren, schweifte mein Herz in eine *Idealenwelt* aus – aber unbekannt mit der *wirklichen*, von welcher mich eiserne Stäbe schieden – unbekannt mit den *Menschen*, denn die vierhunderte die mich umgaben, waren ein einziges Geschöpf, der getreue Abguß eines und eben dieses Modells [...].« (Schillers Ankündigung der *Rheinischen Thalia*; WB, Bd. 8, S. 897)

Der Unterricht dient zunächst der Allgemeinbildung: Morallehre, Latein, Geometrie, aber auch Reiten, Fechten und Tanzen stehen auf dem Stundenplan. Schiller ist anfangs, wie schon auf der Lateinschule, in den meisten Fächern gut; bis Ende 1775 verschlechtern sich seine Leistungen jedoch rapide, er ist häufig krank, melancholisch, lethargisch. Er erhält eine

Reihe von Strafbillets für geringfügige Vergehen: etwa weil er sich verbotenerweise Lebensmittel hat besorgen lassen.

Im März 1773 wird die Karlsschule zur Herzoglichen Militär-Akademie erhoben; Anfang 1774 wird ihr eine juristische Fakultät angeschlossen. Schiller nimmt gegen seine Neigung zur Theologie ein Jurastudium auf. Zur Kompensation wendet er sich verstärkt der Literatur zu. Dabei macht er eine für junge Intellektuelle des 18. Jahrhunderts typische Entwicklung durch: Lesestoff ist zunächst auf Anleitung der Mutter religiöse Literatur, dann Klopstock, von dessen *Messias* Schiller begeistert ist, und Lessing, schließlich die Avantgarde der Zeitgenossen: Gerstenbergs *Ugolino* (ein Vorläufer der literarischen Bewegung des so genannten »Sturm und Drang«) sowie Goethes *Götz von Berlichingen* und *Die Leiden des jungen Werthers*, die 1774 Furore machen. Angeregt von den Vorbildern beginnt Schiller zu schreiben, zunächst im Stile Klopstocks.

Schillers Lektüren

Wichtig für die weitere intellektuelle Entwicklung Schillers ist Jakob Friedrich Abel gewesen, der dem Philosophieunterricht an der Karlsschule eine Orientierung vom bisher vorherrschenden spekulativen Rationalismus in Richtung des im 18. Jahrhundert reüssierenden Sensualismus und Empirismus gab. Auch dessen Interesse für Erfahrungsseelenkunde, also empirische Psychologie, hat stark auf Schiller gewirkt. Hier wurde der Grundstein für die starke Rolle der Sinnlichkeit und psychologischer Momente in Schillers Ästhetik gelegt.

»Freilig hab ich Klopstoken viel zu danken, aber es hat sich tief in meine Seele gesenkt und ist zu meinem nahen Gefühl, Eigenthum worden, was wahr ist, was mich trösten kann im Tode!« (Friedrich Schiller an G. Fr. Scharffenstein, 1776?; WB, Bd. 11, S. 13)

Anfang 1776 wechselt Schiller erneut das Studienfach. Dass er nun Medizin studiert, ist im Interesse des Herzogs wie Schillers selbst, denn ein späteres Auskommen scheint angesichts der großen Zahl angehender Juristen auf der Karlsschule, die Ende 1775 nach Stuttgart umgezogen ist, ungewiss; zudem kommt das neue Fach mit seiner Ausrichtung auf die menschliche Natur den Interessen Schillers in höherem Maße entgegen.

Die Karlsschule diente aber nicht nur der Ausbildung einer

Die Herzogliche
Militärakademie
(Karlsschule) in
Stuttgart

Führungselite, die ihrem Herzog unbedingt ergeben war, sie
war auch Instrument der absolutistischen Selbstinszenierung
Herzog eines typischen deutschen Duodezfürsten: Carl Eugen war
Carl Eugen für seine sexuellen Ausschweifungen, seine Bauwut, eine geradezu barocke Prunksucht und verschwenderische Festlichkei-
ten (und die daraus resultierende Belastung der Staatskasse)
berüchtigt, trug andererseits aber durchaus tolerante Züge,
die sich in seinen späten Regierungsjahren verstärkten. Er
zwang die Karlsschüler dazu, einen regelrechten Dankbar-
keitskult ihrem ›Vater‹ gegenüber zu treiben, an dem Schiller
sich notgedrungen beteiligte: Er verfasste ein Festspiel, das
zum Geburtstag des Herzogs aufgeführt wurde, und hielt
zwei Festreden, jeweils zum Geburtstag der herzoglichen Mätresse Franziska von Hohenheim.

Eine Gelegenheit, die Institution der Karlsschule, aber auch
ihren Gründungsvater zu ehren, stellten die Feierlichkeiten
zum Abschluss des akademischen Jahres dar. Hier wurden
Preise für die besten akademischen Leistungen verliehen.
1779 ist hoher Besuch anwesend: Herzog Carl August von
Sachsen-Weimar-Eisenach, der gerade auf der Rückreise aus
der Schweiz ist, in Begleitung seines für Kriegs-, Wegebau-
und Bergwerksangelegenheiten zuständigen Ministers, des
Geheimen Rates Johann Wolfgang Goethe. Bei dieser Gelegenheit erhält der eben 20-jährige Schiller drei Silberme-

Leben

Schiller liest
vor Freunden aus
den »Räubern«
(Mai 1778)

daillen und Diplome für praktische Medizin, Chirurgie und
Pharmazie. Von einer ersten Begegnung zwischen den beiden
späteren ›Nationaldichtern‹ kann dennoch nicht die Rede
sein: Carl August und sein Minister bleiben inkognito, und
Schiller ist für Goethe, für den solche Termine Routine sind,
lediglich ein Schüler unter vielen.

Zwei Monate zuvor hatte Schiller seine lateinisch geschriebe-
ne medizinische Dissertation über *Philosophie der Physiologie*, **Die erste**
eine Arbeit über das Leib-Seele-Problem, eingereicht. Die **Dissertation**
Gutachter lehnen sie einstimmig ab: Kritisiert wird ein Über-
maß an Spekulation – und ein Mangel an Respekt. Vor allem
mit Albrecht von Haller und seiner experimentellen Nerven-
physiologie ist Schiller allzu schroff umgegangen. Auch der
Herzog plädiert dafür, dass Schiller noch ein weiteres Jahr auf
der Akademie verbleibt, damit er sich ein wenig die Hörner

abstößt – sowie noch aus einem anderen Grund: Alle angehenden Mediziner des ersten Jahrgangs müssen, unabhängig
von ihren Leistungen, ihren Abschluss verschieben, weil die
Verhandlungen über die Formalitäten der ärztlichen Approba-
tion für die Karlsschüler noch nicht abgeschlossen sind.

Schiller muss also eine zweite Dissertation vorlegen. Zugleich
versucht er sich, zur Feier des Geburtstags des abwesenden
Herzogs, an praktischer Theaterarbeit – mit allerdings sehr
mäßigem Erfolg. Schiller hatte vorgeschlagen, Goethes *Cla-
vigo* aufzuführen, und spielt selbst die Titelrolle: »Innigkeit
und Leidenschaft drückte er durch Brüllen, Schnauben und
Stampfen aus, kurz, sein ganzes Spiel war die vollkommenste
Ungebärdigkeit, bald zurückstoßend, bald lachenerregend«,
berichtet der Mitschüler Johann Wilhelm Petersen (zit. n. Petersen [Hg.] 1908, S. 4).

Im Frühjahr 1780, ehe die zweite Dissertation in Angriff genommen wird, beginnt Schiller mit der Niederschrift der *Räuber*, deren erste Konzeption womöglich aus dem Frühjahr
1775 datiert und an denen er wohl ab 1777 arbeitet (Wilpert
2000, S. 30 ff.). Er schreibt hauptsächlich nachts – während
der Wachen auf der Krankenstube oder wenn er selbst als Pa-
tient dort liegt. Seine zweite Abschlussarbeit spaltet Schiller
aus »vornehmlich taktischen Gründen« (Alt 2000, Bd. 1,
S. 172) in zwei Dissertationen auf: zum einen eine lateinische
Arbeit über den Unterschied der entzündlichen und faulen
Fieber, die Schillers medizinische Kompetenz beweisen soll;
sie entsteht innerhalb weniger Wochen und wird am 1. November eingereicht. Bereits eine Woche später folgt die andere, die dritte Dissertation, die weniger spekulativ und stärker
empirisch orientiert ausfällt. Diesmal werden beide Arbeiten
angenommen, die Studie über das Fieber allerdings nur unter
großen Vorbehalten; gedruckt wird nur der *Versuch über den
Zusammenhang der tierischen Natur des Menschen mit seiner
geistigen.*

Am 15. Dezember 1780 wird Schiller aus der Militärakademie entlassen und, bei geringer Besoldung, als Regimentsmedikus eines als verwahrlost verrufenen Grenadierregiments
in Stuttgart eingestellt. Zunächst geht er (weil er noch von

Vgl.
»Die Räuber«,
S. 71-74

Als Arzt in
Stuttgart

einer Karriere als Medizinprofessor träumt) offenbar mit Eifer an die Arbeit, der aber schon bald erlahmt. Wichtiger als die ärztliche Praxis scheint die Kompensation einer dem Reglement geopferten Jugend: Schiller gewöhnt sich den teilweise exzessiven Genuss von Kaffee, Pfeifen- und Schnupftabak an (von denen er zeitlebens nicht mehr lassen wird). Der spätere Dichter des »gutbürgerlichen Ideals der Frau als Gattin und Mutter« macht zudem, »auf unsicheren Schritten in der ›gemeinen‹ Wirklichkeit der Stuttgarter Halbwelt«, seine ersten Erfahrungen mit Frauen (Kurscheidt, in: Gellhaus/Oel-

Friedrich Schiller
als Regimentsarzt

lers [Hg.] 1999, S. 41) und gibt sich, zusammen mit seinen Freunden, im Nachklang des Sturm und Drang als Kraftgenie – in eher feucht-fröhlicher Variante. Von einem Bankett seines Generals kann Schiller, volltrunken, nur noch in der Sänfte nach Hause getragen werden, was seinem Ruf nicht gerade förderlich ist. Anlass war, erneut, der Geburtstag des Herzogs.

> »Schiller war, so lange ich mit ihm lebte, nicht sinnlich und liebte die Weiber im Grunde nicht. Er behauptete, das dümmste Weib könne perfider und für den scharfsichtigsten Mann unerforschlicher sein als der verstockteste Bösewicht. Er kannte nur die Extreme: Excentricität oder thierischen Genuß. Dieses war scharf abgesondert und schmolz zu einer die Hauptangelegenheit seiner Existenz machenden Leidenschaft; seine göttlichsten erotischen Schilderungen sind Divinationen seines Busens. Außer ein paar Sprüngen mit Soldatenweibern, auch *en compagnie*, weiß ich keine Debauche von ihm.« (G. Fr. Scharffenstein; zit. n. Petersen [Hg.] 1908, S. 27 f.)

Mannheimer Dramaturgie (1781-1784)

Im scharfen Kontrast zu den Versprechungen des Landesvaters Carl Eugen auf eine glänzende Zukunft für die begabten Karlsschüler stehen die armseligen Verhältnisse und die trostlose Tätigkeit als Militärarzt. Mit beidem will Schiller sich nicht abfinden. Auf eigene Kosten lässt er *Die Räuber* in 800 Exemplaren drucken (er muss dafür einen Kredit aufnehmen, den er lange nicht zurückzahlen kann) und übersendet die ersten Druckbogen dem Mannheimer Verleger Christian Friedrich Schwan. Zwar lehnt Schwan ab, das Drama zu verlegen, aber er vermittelt den Kontakt zu Wolfgang Heribert von Dalberg, dem Intendanten des Mannheimer Nationaltheaters, das in den 1780er Jahren zu den führenden Häusern in Deutschland gehört.

Kontakte nach Mannheim

Dalberg erklärt sich im Sommer 1781 bereit, die *Räuber* auf die Mannheimer Bühne zu bringen – sofern Schiller die Kritik an weltlicher und kirchlicher Autorität abmildert. Anfang Oktober schickt er Dalberg seine Bühnenbearbeitung. Der jedoch nimmt weitere, entscheidende Änderungen vor. *Die Räuber* werden am 13. Januar 1782 im Mannheimer Nationaltheater uraufgeführt. Um bei der Uraufführung zugegen sein zu können, war Schiller, zusammen mit seinem Freund Petersen, ohne Urlaub zu nehmen, nach Mannheim gereist – ein schweres Disziplinarvergehen, das nicht das einzige bleiben wird.

Den Franz Moor spielt August Wilhelm Iffland, später einer der größten Schauspieler seiner Zeit und Autor von über 60 meist banalen Erfolgsstücken. Die Aufführung macht großen Eindruck beim Publikum.

> »Das Theater glich einem Irrenhause, rollende Augen, geballte Fäuste, stampfende Füße, heisere Aufschreie im Zuschauerraum! Fremde Menschen fielen einander schluchzend in die Arme, Frauen wankten, einer Ohnmacht nahe, zur Türe. Es war eine allgemeine Auflösung wie im Chaos, aus dessen Nebeln eine neue Schöpfung hervorbricht!« (Augenzeugenbericht zur Uraufführung der *Räuber*; zit. n. WB, Bd. 2, S. 965 f.)

In dramaturgischer Hinsicht ist Schiller also zunächst erfolgreicher als in publizistisch-ökonomischer. Hier versucht er sich ein zweites Standbein zu verschaffen. Nachdem im Oktober 1776 sein erstes Gedicht, »Der Abend« (das sich inhaltlich und stilistisch noch stark an Klopstock anlehnt), gedruckt worden war, erschien im September 1781 in Gotthold Friedrich Stäudlins *Schwäbischem Musenalmanach auf das Jahr 1782* sein Gedicht »Die Entzückung | an Laura« in einer vom Herausgeber Stäudlin gekürzten Fassung. Diese Tatsache und vor allem Stäudlins Alleinvertretungsanspruch für Poesie in Schwaben fordern Schiller zur Reaktion heraus: Er beschließt, seine Gedichte in eigener Verantwortung zu publizieren. Im Februar 1782 erscheint die *Anthologie auf das Jahr 1782*, erneut anonym und im Selbstverlag (was vor allem neue Schulden bedeutet). Vgl. S. 68

Schiller flankiert das Unternehmen durch zwei scharfe Rezensionen von Stäudlins *Schwäbischem Musenalmanach* und seinen *Vermischten poetischen Stücken* sowie eine kritische, aber insgesamt positive Selbstrezension im *Wirtembergischen Repertorium der Litteratur*. Stäudlin antwortet mit polemischen Bemerkungen und Versen in seinem nächsten Almanach. Schiller ist zum ersten Mal in eine der für das 18. Jahrhundert so typischen literarisch-publizistischen Fehden verwickelt.

Das *Wirtembergische Repertorium der Litteratur*, das Schiller von Ostern 1782 an unter anderem zusammen mit Petersen und dem Karlsschullehrer Abel herausgibt und das über drei Hefte nicht hinauskommen wird, ist in seiner Verbindung von Ethik und Ästhetik eine typische Zeitschrift der (Spät-) Aufklärungszeit: Ihre »Hauptabsicht«, so der von Schiller stammende »Vorbericht«, sind »Ausbildung des Geschmacks, angenehme Unterhaltung und Veredlung der moralischen Gesinnungen« (WB, Bd. 8, S. 876).

>»Dem Almanach ist ein Titelkupfer vorgesetzt, und stellt den *Aufgang der Sonne über'm Schwabenland* vor. Potz! was wir Zeitgenossen des 178gsten Jahrzehents nicht erleben! der Stäudlinsche Almanach die Epoche des Vaterlands! – Wenn diese Erscheinung nicht zum Unstern ein Nordlicht ist, das, wie die Wetterverständige behaupten, Kälte prophezeit – so sehe doch der Epochmacher zu, daß ihr roter feuriger Morgenstrahl ihm die Augen nicht verblende, und er – in der Finsternis taumelnd – an den Schwertspitzen der *Kritik sich spieße*.« (Aus Schillers Rezension von G. F. Stäudlins Musenalmanach; WB, Bd. 8, S. 880)

Die Publikation von Zeitschriften gehört im späten 18. Jahrhundert zu den wenigen Möglichkeiten, von der Literatur zu leben. Während die Tantiemen für Bücher nur spärlich fließen und gerade Bestseller ihren Autoren nur wenig einbringen, weil sie meist prompt von fremden Verlagen nachgedruckt werden, liefern Zeitschriften ihren Herausgebern regelmäßige Einkünfte – wenn sie denn etabliert sind. Das aber wird dadurch erschwert, dass eigentlich nur akademisch Gebildete als Publikum in Frage kommen. Um diesen überschaubaren Leserkreis buhlen in den Jahren 1765-90 allein 224 literarische, 186 allgemeinwissenschaftliche und Hunderte anderer Zeitschriften. Ihre Lebensdauer liegt im Schnitt bei zwei Jahren.

Das Zeitschriftenwesen

Ende Mai reist Schiller wiederum nach Mannheim – wieder ohne Erlaubnis, aber mit stillschweigender Duldung seines Vorgesetzten –, um seine Übersiedelung dorthin vorzubereiten. Der Herzog erfährt von der Reise und bestraft Schiller mit 14 Tagen Arrest. Das Fass zum Überlaufen aber bringt ein Politikum. An der Bezeichnung des Schweizer Kantons Graubünden als »Athen der heutigen Jauner« (WB, Bd. 2, S. 72) hatte sich ein öffentlich ausgetragener Streit entzündet. Der Herzog verbietet Schiller daraufhin unter Androhung von Festungshaft jede weitere Veröffentlichung mit Ausnahme medizinischer Schriften und schafft damit eine für den angehenden Dichter und Publizisten unerträgliche Situation.

Während Schiller bereits am nächsten Drama, der *Verschwörung des Fiesko zu Genua*, arbeitet, reift der Gedanke zur Flucht aus Stuttgart heran. Schiller plant, ein gesellschaftliches Großereignis – den Besuch des Russischen Großfürsten und späteren Zaren Paul I. und seiner Gemahlin, einer Nichte des Herzogs – zu nutzen, um in dessen Schatten unbemerkt zu entkommen. Zusammen mit ihm, der nur seine Mutter und seine Schwester Christophine in seine Pläne eingeweiht hat, flieht Andreas Streicher, der in Hamburg bei Carl Philipp Emanuel Bach Musik studieren will. Am Abend des 22. September 1782, während eines Festzugs für die hohen Gäste, stehlen sich die beiden davon; am Vormittag des 24. kommen sie in Mannheim an.

Vgl. »Die Verschwörung des Fiesko zu Genua«, S. 74-76

Dalberg, von dem sich Schiller eine Anstellung am Nationaltheater erhofft, weilt zu diesem Zeitpunkt noch als Gast in Stuttgart. Aus Angst vor Verfolgung macht Schiller sich, wieder in Begleitung Streichers, auf eine Fußwanderung nach Frankfurt. Ein Brief an Dalberg mit einer Bitte um einen Vorschuss auf den *Fiesko* wird negativ beantwortet: Das Drama sei in der vorliegenden Form unaufführbar. Dalberg ändert sein Urteil auch nicht, nachdem Schiller, der sich inzwischen mit Streicher in Oggersheim eingemietet hat, den Text überarbeitet hat. Der Flüchtling bedeutet für Dalberg, der politische Komplikationen fürchten muss, eher eine Belastung als einen Gewinn. Schiller verkauft das Manuskript des *Fiesko* an Schwan; das Honorar reicht für kaum mehr als die Schulden im Gasthof.

Während Streicher sich in Mannheim als Klavierlehrer niederlässt, reist Schiller ins thüringische Bauerbach, auf das Gut der jungen Witwe Henriette von Wolzogen, deren Söhne Karlsschüler sind und die Schiller protegiert. Während sie noch abwesend ist, beginnt er mit der Ausarbeitung des bür-

Exil in Bauerbach

Vgl. »Kabale und Liebe«, S. 76-79

gerlichen Trauerspiels *Louise Millerin* (später *Kabale und Liebe*). Den Kontakt zur Außenwelt hält der Meininger Bibliothekssekretarius Wilhelm Friedrich Hermann Reinwald: Er versorgt Schiller mit Geld, Schnupftabak – und Büchern. (Reinwald heiratete später, als die Freundschaft schon deutlich abgekühlt war, Schillers Schwester Christophine – gegen die Überzeugung des Bruders.)

Zum Jahreswechsel kommen Henriette von Wolzogen und ihre Tochter Charlotte für wenige Tage nach Bauerbach zurück. Schiller ist höchst angetan von der 16-Jährigen; auch von der 37-jährigen Mutter fühlt er sich erotisch angezogen.

Im März endlich meldet sich Dalberg bei Schiller – nachdem die Mannheimer Schauspieler mehrfach vermittelnd tätig geworden sind – und zeigt jetzt Interesse an *Louise Millerin*. Schiller geht erst spät und nur zurückhaltend auf die Vorschläge zur Überarbeitung ein, schickt ihm aber dann doch den hastig, vorläufig fertig gestellten Text.

Währenddessen sorgt das Verhältnis zu Charlotte von Wolzogen für einige Aufregung in Schillers Exil. Schiller ist wohl eifersüchtig auf Franz Carl Philipp von Winkelmann, der sich offenbar Hoffnungen auf Charlotte machen kann, und versucht die Verbindung durch einen Brief an ihren Bruder zu hintertreiben. Mitte Juni 1784 wird Schiller noch einmal per Brief an die Mutter um Charlotte werben; im September 1788 verheiratet die Mutter sie jedoch aus Standesgründen an einen Hildburghauser Regierungsrat.

Derweil stagniert die Arbeit an *Louise Millerin*. Schiller beschließt, nach endgültiger Fertigstellung des Dramas nach Mannheim zu reisen, um die Dinge in die Hand zu nehmen. Nachdem Dalberg aus den Niederlanden zurückgekehrt ist, geht es dann endlich voran: Nach einer erfolgreichen Leseprobe des Dramas in großer Gesellschaft erhält Schiller einen Einjahresvertrag als Theaterdichter, mit dem er sich verpflichtet, drei Stücke, darunter *Fiesko* und *Louise Millerin*, zu liefern.

Theaterdichter in Mannheim Am 1. September 1783 tritt Schiller seine Stellung an – und erkrankt an der in Mannheim grassierenden Malaria. Vom Fieber stark geschwächt, arbeitet er weiter an seiner Bühnenfassung des *Fiesko*. Er wird am 11. Januar 1784 zum ersten

Mal in Mannheim gegeben, nachdem er zuvor schon in Bonn und Frankfurt aufgeführt worden ist. Das Stück hat nur geringen Erfolg, wohl weil Schiller das Publikum mit seiner pathetischen Darbietung schlicht überfordert. Der *Fiesko* wird in Mannheim nur dreimal aufgeführt.

Schiller, der inzwischen in die Mannheimer ›Deutsche Gesellschaft‹ aufgenommen und damit zugleich zum kurpfälzischen Bürger erklärt worden ist – was ihn vor Zugriffen Carl Eugens schützt –, nimmt die Arbeit am Trauerspiel *Louise Millerin* wieder auf, das nun auf Vorschlag Ifflands seinen endgültigen Titel erhält: *Kabale und Liebe.* Es wird am 13. April 1784 in Frankfurt uraufgeführt; zwei Tage später folgt die Aufführung in Mannheim – mit mäßigem Erfolg. Dann verschlechtert sich Schillers Situation in Mannheim zusehends. Nachdem sein Plan gescheitert ist, eine *Mannheimer Dramaturgie* (nach dem Vorbild von Lessings Hamburger Unternehmen) herauszugeben, wird auch sein Vertrag als Theaterdichter von Dalberg nicht verlängert.

Vielleicht wollte Schiller schließlich auch dem komplizierten Verhältnis zu Charlotte von Kalb entfliehen. Die Verwandte Henriette von Wolzogens und vielseitig interessierte attraktive junge Frau führte, frisch verheiratet, eine unglückliche Konvenienzehe mit einem Hauptmann in französischen Diensten. Schiller hatte sie im Mai 1784 kennen – und lieben – gelernt. Immer drängender aber werden die Geldprobleme. Unter der Last seiner Schulden verfolgt Schiller mehrere Pläne zugleich:

Charlotte von Kalb

»Wie oft und gern wäre ich in den Bedrängnißen meines Herzens, in der Bedürfniß nach Freundschaft zu Ihnen meine Theureste geflogen, wenn nicht eben die schrekliche Empfindung meiner Ohnmacht Ihren Wunsch zu erfüllen, und meine Schulden zu entrichten, mich wieder zurükgeworfen hätten. Der Gedanke an Sie, der mir jederzeit soviel Freude macht, wurde mir, durch die Erinnerung an mein Unvermögen, eine Quelle von Marter. Sobald *Ihr* Bild vor meine Seele kam, stand auch das ganze Bild meines Unglüks vor mir.« (Friedrich Schiller an Henriette von Wolzogen, 8. 10. 1784; WB, Bd. 11, S. 122 f.)

Kurzfristig wird sogar, auf Vorschlag Dalbergs, die Rückkehr zur Medizin ernsthaft in Erwägung gezogen. Nachhaltiger wirkt die Idee der Herausgabe einer eigenen Zeitschrift, die dann keine bloße Theaterzeitschrift mehr sein soll: der *Rheinischen Thalia.* Während Schiller um Mitarbeiter und Subskribenten, also Abonnenten, wirbt, arbeitet er weiter am *Dom Karlos.* Am zweiten Weihnachtstag 1784 wird eine Lesung des ersten Aktes veranstaltet – unter den Gästen ist Carl August von Sachsen-Weimar. Er ernennt Schiller am nächsten Tag auf dessen Wunsch zum Weimarischen Rat. Der Titel verschafft seinem Träger einiges Ansehen, Geld hingegen bringt er ihm nicht.

»Rheinische Thalia«

Geschenk aus Leipzig: Vier Silberstiftzeichnungen von Dora Stock, 1784: Ludwig Ferdinand Huber, Dora Stock, Christian Gottfried Körner, Minna Stock

Sächsisches Zwischenspiel (1785-1787)

Mannheim ist Schiller unerträglich geworden. Bereits Anfang
Juni 1784 hatte er Post von vier jungen, ihm unbekannten Ver-
ehrern aus Leipzig bekommen: von Ludwig Ferdinand Huber, **Post aus**
seiner Freundin Dora Stock, ihrer Schwester Minna und de- **Leipzig**
ren Verlobtem Christian Gottfried Körner. Erst Anfang Dezember antwortet Schiller – mit einem Brief an Huber, in dem
er einen gelegentlichen Besuch in Leipzig ankündigt. Am 10.
Februar 1785 dann beginnt er einen Brief an Körner, den er
jedoch erst zwölf Tage später vollendet. In dieser Zeit ist der
definitive Entschluss, die Wirkungsstätte zu wechseln, ge-
reift: »Ich kann nicht mehr hier bleiben. Zwölf Tage habe ichs
in meinem Herzen herumgetragen, wie den Entschluß aus der
Welt zu gehn. Menschen, Verhältniße, Erdreich und Himmel
sind mir zuwider. Ich habe keine Seele hier, keine einzige die
die Leere meines Herzens füllte, keine Freundin, keinen
Freund [...]. Ich muss zu Ihnen, muss in ihrem nähern Umgang, in der innigsten Verkettung mit Ihnen mein eigenes
Herz wieder genießen lernen, und mein ganzes Daseyn in
einen lebendigern Schwung bringen.« (WB, Bd. 11, S. 132 f.)
Mitte März erscheint das erste Heft der *Rheinischen Thalia*.
Die hoch gesteckten Erwartungen – 500 Subskribenten hatte
Schiller zusammenzubringen gehofft – erfüllen sich nicht,
und die Zeitschrift droht einzugehen, bevor sie recht zu erscheinen begonnen hat. Körner aber gelingt es, Georg Joachim Göschen davon zu überzeugen, die Zeitschrift in seinen
Verlag, den Körner durch Zuschüsse aufzubauen hilft, zu
übernehmen und weiter zu publizieren. Durch Körners Mit-
hilfe erhält Schiller den so dringend benötigten Vorschuss.
Die *Thalia* (die ab 1792 dann *Neue Thalia* heißt) wird, gemessen an der Lebensdauer, Schillers erfolgreichste Zeitschrift.
Am Abend des 17. April 1785 trifft Schiller in Leipzig ein, in **Ankunft**
der Stadt der deutschen Aufklärung und Metropole des Ver- **in Leipzig**
lagswesens in Deutschland. Schnell lernt er die künstlerische
Hautevolee kennen, aber erst am 1. Juli kommt es zur ersten
Begegnung mit Körner – in großer Gesellschaft, weswegen
sich keine Gelegenheit zu ausführlichen Gesprächen bietet.
Vertrauen bildet sich vorerst weiter auf schriftlichem Wege:

Schiller offenbart seine Geldnot, schildert seine publizistischen Pläne, wirbt um Körners Freundschaft. Der antwortet mit dem Vorschlag, Schiller für die Dauer eines Jahres finanziell zu unterstützen. Schiller nimmt dankbar an.

Freundschaft mit Körner Danach vertieft sich die Freundschaft schnell, und als Körner und Minna Stock im August heiraten und nach Dresden abreisen, hält Schiller es ohne den Freund nur noch kurz in seinem Wohnort Gohlis, einem Ausflugsort der Leipziger Gesellschaft, aus. Den September und Oktober über arbeitet er in Körners »Weinberghäuschen« in Loschwitz bei Dresden am *Dom Karlos* (den er aber erst im Februar 1787 abschließen wird). Ein in Verse gefasstes Dokument der in diesem Freundeskreis herrschenden Herzlichkeit entsteht im Spätsommer 1785. Es wird später beweisen, dass im Verlauf seiner Wirkungsgeschichte aus einem Gelegenheitsgedicht ein literarisches Ereignis von Weltrang werden kann: das Lied »An die Freude«.

Nachdem die Freunde am 20. Oktober gemeinsam nach Dresden zurückgekehrt sind, bezieht Schiller in der Nähe der Körners zusammen mit Huber eine Wohnung. Er muss vor allem seine Position auf dem Literaturmarkt festigen und setzt dafür seine gesamte poetische Produktivität ein. Um die *Thalia* für ein größeres Publikum interessant zu machen, beginnt er mit der Veröffentlichung eines Fortsetzungsromans, der sich **Vgl. »Der Geister-seher«, S. 82 f.** schnell zum Bestseller entwickelt: *Der Geisterseher*. Bald wird Schiller den Plan verfluchen; der Roman bleibt unvollendet.

Auf die Dauer ist die Nähe zu den jung vermählten Körners nicht unproblematisch. Bereits Ende Dezember 1786 hatte

»Der Geisterseher, den ich eben jezt fortsetze, wird schlecht – schlecht, ich kann nicht helfen; es gibt wenige Beschäftigungen, die Correspondenz mit dem Fräulein von Arnim nicht ausgenommen, bei denen ich mir eines sündlichen Zeitaufwands so bewußt war, als bei dieser Schmiererei. Aber bezahlt wird es nun einmal, und ich habe wirklich bei der ganzen Sache auf Göschens Vortheil gesehen.« (Friedrich Schiller an Christian Gottfried Körner, 17. 3. 1788; WB, Bd. 11, S. 286)

Leben

Schiller an den Freund geschrieben, es verdrieße ihn, »daß ich die Freuden meines Lebens so sehr von euch abhängig gemacht habe und nicht einmal einen Monat mehr durch mich allein ganz glüklich existieren kann« (NA, Bd. 24, S. 78). Hinzu kam eine Affäre mit Henriette von Arnim, die Körner – wegen des schlechten Rufs der Familie – nicht dulden wollte.

Schiller fasst erneut den Plan zur Flucht. Diesmal will er nach Hamburg, um Gespräche über eine *Dom-Karlos*-Aufführung (und seine Zukunft als Dramatiker) zu führen. Zuvor aber will er Station in Weimar machen, wo Charlotte von Kalb sich für einige Zeit aufhält. In Hamburg wird er nie ankommen.

Zwischenstation Weimar

Als Schiller, am 21. Juli 1787, in Weimar eintrifft, ist Goethe in Italien. Dennoch bietet der Musenhof in der gerade 750 Häuser und 6300 Einwohner zählenden Stadt Gelegenheiten für Begegnungen: mit Wieland, der ihm freundlich, mit Herder, der ihm eher verständnislos begegnet; von der Herzoginmutter Anna Amalia (die keinen günstigen Eindruck auf ihn macht – wie umgekehrt er nicht auf sie) wird er zum Tee auf deren Landsitz in Tiefurt eingeladen. Herzog Carl August trifft er einstweilen nicht.

Charlotte von Kalb ist mit ihrem kleinen Sohn seit Juni 1787 in Weimar. Schiller findet eine Situation vor, in der erotische Freizügigkeiten möglich sind: Der Ehemann ist nur selten anwesend, und in Weimarer Hofkreisen wurde es nicht nur geduldet, sondern war es geradezu an der Tagesordnung, dass emotional und sexuell frustrierte Frauen sich einen Liebhaber zulegten.

Charlotte von Kalb

Ende August machen beide eine gemeinsame Reise nach Jena, wo Schiller bei dem Philosophen Karl Leonhard Reinhold, Wielands Schwiegersohn, wohnt und eine Reihe von Professoren kennen lernt. Reinhold, der Schiller womöglich für das Projekt einer Reformation des Illuminaten-Ordens zu gewinnen versucht, legt ihm mit großem Nachdruck nahe, Kant zu lesen. Dass Schiller der Empfehlung folgt, bedeutet für seine Ästhetik einen entscheidenden Impuls.

Den Illuminaten, die bis heute Stoff für Verschwörungstheo-

> »Göthens Geist hat alle Menschen, die sich zu seinem Zirkel zäh-
> len, gemodelt. Eine stolze philosophische Verachtung aller Spe-
> culation und Untersuchung, mit einem biß zur Affectation getrie-
> benen Attachement an die Natur und einer Resignation in seine
> fünf Sinne, kurz eine gewiße kindliche Einfalt der Vernunft be-
> zeichnet ihn und seine ganze hiesige Sekte. Da sucht man lieber
> Kräuter oder treibt Mineralogie als daß man sich in leeren De-
> monstrationen verfienge. Die Idee kann ganz gesund und gut
> seyn, aber man kann auch viel übertreiben.« (Friedrich Schiller
> an Christian Gottfried Körner, 12. 8. 1787; WB, Bd. 11, S. 227 f.)

Die Illuminaten rien bieten, gehörten einige der prominentesten Jenaer und
Weimarer Zeitgenossen an – unter ihnen Herzog Carl August,
Goethe, Herder. Der Geheimbund wollte zunächst im aufklärerischen Sinne der Vervollkommnung des Menschen durch
praktische Politik dienen, beschäftigte sich dann aber im Wesentlichen mit dem Aufbau seiner eigenen Hierarchie. 1785
war er in Bayern verboten worden. Die geheimen Schriften
seines Gründers Adam Weishaupt, die im Zuge des Verbots-
verfahrens veröffentlicht worden waren, zeigten den Widerspruch zwischen den Zielen Freiheit, Gleichheit, Brüderlich-
keit und den Mitteln: der despotischen, denunziatorischen
Struktur des Ordens (Schings 1996, S. 163 ff.; Wilson 1991,
S. 15 ff.). Wie Schiller im September 1787 an Körner schreibt,
versucht der Schriftsteller und Übersetzer Johann Joachim
Christoph Bode, der bereits Goethes Eintritt in den Orden
(1780) bewirkt hatte, Schiller für die Illuminaten zu gewinnen – vergeblich.

»Öffentlicher Lehrer der Weltweisheit in Jena« (1788-1794)

Eine Möglichkeit, sich auf dem Literaturmarkt zu etablieren,
sieht Schiller auf dem gerade blühenden Feld der Geschichts-
Vgl. S. 84 schreibung. Mit Huber plant er die Herausgabe einer *Geschichte der merkwürdigsten Rebellionen und Verschwörungen*,
koppelt seinen Anteil aber bald als eigenständige Arbeit aus:
die *Geschichte des Abfalls der vereinigten Niederlande von der*

Spanischen Regierung. Damit tritt um den Jahreswechsel 1787/88 – er ist 28 Jahre alt – Schillers Lebensplanung in eine entscheidende Phase. In langen Briefen an Körner legt er seine Überlegungen dar. Scheinbar kühl und kalkuliert wägt er zwischen Kosten und Nutzen poetischer und historiographischer Produktion ab: »Aber am Ende eines historischen Buchs habe ich Ideen erweitert, neue empfangen – am Ende eines verfertigten Schauspiels vielmehr verloren.« (18. 1. 1788, WB, Bd. 11, S. 269)

> »Aber ich muß eine Frau dabei ernähren können, denn noch einmal, mein Lieber, dabei bleibt es, daß ich heurathe. Könntest Du in meiner Seele so lesen, wie ich selbst, Du würdest keine Minute darüber unentschieden seyn. Alle meine Triebe zu Leben und Thätigkeit sind in mir abgenützt; diesen einzigen habe ich noch nicht versucht. Ich führe eine elende Existenz, elend durch den innern Zustand meines Wesens. Ich muß ein Geschöpf um mich haben, das *mir* gehört, das ich glücklich machen *kann* und *muß*, an dessen Daseyn mein eigenes sich erfrischen kann.« (Friedrich Schiller an Christian Gottfried Körner, 7. 1. 1788; WB, Bd. 11, S. 266)

In seinem Bemühen, nach Jahren der Flucht und finanziellen Unsicherheit endlich sesshaft zu werden und die Sehnsucht »nach einer bürgerlichen und häußlichen Existenz« (an Körner, 7. 1. 1788, WB, Bd. 11, S. 267) zu stillen, spielt er kurz mit dem Gedanken, Wielands zweite Tochter Amalie zu heiraten – ein Plan, der so schnell verworfen wird, wie er gefasst wurde und der sich in eine inzwischen angewachsene Reihe von kurzlebigen Heiratsplänen einordnet. In dieser Zeit kommt es zu einer folgenreichen Wiederbegegnung. Mit Wilhelm von Wolzogen besucht er am Nikolaustag des Jahres 1787 dessen Verwandte in Rudolstadt: die Familie Lengefeld. Schiller ist hingerissen – von beiden Töchtern, der lebhafteren, verheirateten Caroline von Beulwitz (die sich 1794 scheiden lassen und Wilhelm von Wolzogen heiraten wird) und der ruhigeren Charlotte. Beide sind literarisch gebildet; Caroline hat zudem selbst literarische Ambitionen. (Schiller wird ihren Roman *Agnes von Lilien* 1796/97 in den *Horen* publizieren.)

Heiratspläne

Schiller bezieht Quartier im nahe gelegenen Volkstedt. Der notorische Nachtarbeiter arbeitet nur tagsüber (er liest vor allem klassische griechische Literatur und schreibt unter anderem am ungeliebten *Geisterseher*), abends pflegt er geselligen Umgang mit Lengefelds – so lange, bis ihn eine schwere Erkältung für eine Woche ans Bett fesselt.

Am 7. September 1788 kommt es in Rudolstadt, wohin Schiller inzwischen umgezogen ist, zu einem Treffen mit dem aus Italien zurückgekehrten Goethe, der ersten Begegnung nach 1779. Von einem echten Gespräch der beiden kann aber wohl

Flüchtige Begegnung mit Goethe

keine Rede sein. Für den Welt- und Staatsmann Goethe ist es ein gesellschaftlicher Termin unter vielen: Er ist in Begleitung Herders, Charlotte von Steins und ihres Sohnes Fritz – und sieht in Schiller den Autor der *Räuber*, den Vertreter einer inzwischen verblühten genialischen Avantgarde. Auch Schiller ist mehr als skeptisch. An Körner schreibt er am 12. September über Goethe: »Im ganzen genommen ist meine in der That große Idee von ihm nach dieser persönlichen Bekanntschaft

nicht vermindert worden, aber ich zweifle, ob wir einander je
sehr nahe rücken werden. Vieles was *mir* jezt noch interessant
ist, was ich noch zu wünschen und zu hoffen habe, hat seine
Epoche bei ihm durchlebt, er ist mir, (an Jahren weniger als
an Lebenserfahrungen und Selbstentwicklung) so weit voraus, daß wir unterwegs nie mehr zusammen kommen werden [...].« (WB, Bd. 11, S. 321)

Bis zur Geburtsstunde des literarischen Gemeinschaftsunter-
nehmens, das als ›Weimarer Klassik‹ in die deutsche Literaturgeschichte eingehen wird, werden noch sechs Jahre vergehen.

**Attraktive Schwestern:
Caroline von Beulwitz und
Charlotte von Lengefeld**

Währenddessen kommt einige Bewegung in Schillers akademische Karriere – kaum jedoch ein höheres Maß an ökono-
mischer Sicherheit in sein Leben. Auf Betreiben des zuständigen Regierungsrates Christian Gottlob Voigt, Charlotte von
Steins und nicht zuletzt Goethes wird Schiller eine unbesol-
dete Professur für Geschichte (nominell allerdings für Philosophie) an der Universität Jena angeboten. Schiller hatte sich
darauf vorbereitet, hatte der akademischen Disziplin der Geschichte einen großen Anteil seiner Arbeit gewidmet – und
hat dennoch Skrupel. Und Geldsorgen.

> »Oefters um Goethe zu sein, würde mich unglücklich machen: er
> hat auch gegen seine nächsten Freunde kein Moment der Ergie-
> ßung, er ist an nichts zu fassen; ich glaube in der That, er ist ein
> Egoist in ungewöhnlichem Grade. [...] Ich betrachte ihn wie eine
> stolze Prude, der man ein Kind machen muß, um sie vor der Welt
> zu demüthigen, und an meinem guten Willen liegt es nicht, wenn
> ich nicht einmal mit der ganzen Kraft, die ich in mir aufbieten
> kann, einen Streich auf ihn führe, und in einer Stelle, die ich bei
> ihm für die tödtlichste halte. Eine ganz sonderbare Mischung von
> Haß und Liebe ist es, die er in mir erweckt hat, eine Empfindung,
> die derjenigen nicht ganz unähnlich ist, die Brutus und Cassius
> gegen Caesar gehabt haben müssen; ich könnte seinen Geist um-
> bringen und ihn wieder von Herzen lieben.« (Friedrich Schiller an
> Christian Gottfried Körner, 2. 2. 1789; WB, Bd. 11, S. 381)

Schiller zahlt 60 Taler Gebühren für die notwendige Verlei-
hung des Magistertitels – ein Taler entspricht etwa 20-25 Eu-
ro, für das zweite Heft der *Thalia* hatte er 30 Taler Honorar erhalten – und wird am 21. Januar 1789 zum Professor ernannt.

Vgl. S. 85 f. Am 11. Mai zieht er nach Jena um. Seine Antrittsvorlesung am
26. Mai findet vor 500 begeistert applaudierenden Studenten
statt. Im weiteren Verlauf des Semesters wird die Zahl der Hö-
rer allerdings rapide schwinden (bis auf 20 im dritten Semes-
ter), was besonders schmerzlich ist, weil Schiller als Extraordi-
narius kein Gehalt bekommt, sondern auf die Hörergelder von
drei Reichstalern pro Teilnehmer angewiesen ist.

Während sich Schiller zunächst stärker zur stilleren Charlotte
von Lengefeld hingezogen gefühlt hatte, war später auch die
Zuneigung zu ihrer Schwester Caroline gewachsen, die wegen
ihrer literarischen Bildung als Gesprächspartnerin interessant
war, so dass er sich schwer tat, sich für eine der beiden zu ent-
scheiden. Im Sommer und Herbst 1788 hatte sich aus dieser
Unentschiedenheit eine »eigentümliche *ménage à trois*« entwi-
Entscheidung ckelt (Alt 2000, Bd. 1, S. 641). Erst am 2. August 1789 kommt
für Charlotte von es zum entscheidenden Gespräch mit Caroline, die Schiller
Lengefeld anvertraut, dass ihre Schwester auf seinen Antrag warte. Schiller reagiert umgehend mit einem Liebesbrief an Charlotte.

> »Meine Seele ist jezt gar oft mit Scenen der Zukunft beschäftigt; unser Leben hat angefangen, ich schreibe vielleicht auch, wie jezt, aber ich weiss *euch* in meinem Zimmer, Du Karoline, bist am Klavier und Lottchen arbeitet neben Dir, und aus dem Spiegel, der mir gegenüber hängt, seh ich euch beide. Ich lege die Feder weg, um mich an eurem schlagenden Herzen lebendig zu überzeugen daß ich euch habe, daß nichts nichts euch mir entreissen kann. Ich erwache mit dem Bewußtseyn, daß ich euch finde, und mit dem Bewußtseyn, daß ich euch morgen wieder finde, schlummre ich ein.« (Friedrich Schiller an Caroline von Beulwitz und Charlotte von Lengefeld, 10. 9. 1789; WB, Bd. 11, S. 444)

Damit aber sind die Probleme nicht gelöst: Die finanzielle Existenz ist immer noch alles andere als gesichert; das Verhältnis zur zukünftigen Schwiegermutter ist gespannt; die Gefühlslage scheint, trotz der Verlobung, nicht eindeutig geklärt; Charlotte von Kalb offenbart Schiller ihren Plan, ihre Ehe auflösen zu lassen – um Schiller heiraten zu können. Ihr gegenüber spricht Schiller erst Anfang Februar von seiner dann kurz bevorstehenden Heirat mit Charlotte von Lengefeld, was sie tief verletzte; und obwohl es später zu einer Wiederannäherung kam – verwunden scheint Charlotte von Kalb die Verletzung nie zu haben.

Seinen Eltern entdeckt Schiller die Verlobung Mitte Dezember und wirbt bei Frau von Lengefeld förmlich um die Hand der Tochter. Zur gleichen Zeit weiht Charlotte von Stein den Herzog ein und deutet Schillers Finanzmisere an. Carl August gewährt, im Interesse der stets vom *brain drain* bedrohten Jenaer Universität, am Neujahrstag 1790 den gewünschten Jahressold von 200 Talern. Und mit Datum vom 2. Januar wird Schiller zum Hofrat ernannt.

Am 22. Februar 1790 heiraten Charlotte von Lengefeld und der, wie es im örtlichen Kirchenbuch heißt, »öffentliche Lehrer der Weltweisheit in Jena« in Wenigenjena. Die Trauung wird nahezu heimlich vollzogen: Lediglich Charlottes Mutter und Schwester sind anwesend.

Ab Mitte Mai beginnt Schiller mit der Niederschrift der *Ge-*

schichte des Dreißigjährigen Krieges; zugleich wendet er sich Fragen der Poetik zu: Er hält, neben einer Vorlesung über Universalgeschichte, eine weitere über die »Theorie der Tragödie«, deren Ergebnisse in die Aufsätze *Über den Grund des* **Vgl. S. 89 f.** *Vergnügens an tragischen Gegenständen* und *Über die tragische Kunst* eingehen werden. Poetische Texte verfasst Schiller in dieser Zeit nicht; er konzentriert sich ganz auf eine bevorstehende Karriere in Forschung und Lehre. Doch es sollte anders kommen.

> »Caroline ist mir näher im Alter und darum auch gleicher in der Form unsrer Gefühle und Gedanken. Sie hat mehr Empfindungen in mir zur Sprache gebracht als Du meine Lotte – aber ich wünschte nicht um alles, daß dieses anders wäre, daß *Du* anders wärest als Du bist. Was Caroline vor Dir voraus hat, mußt Du von mir empfangen; Deine Seele muß sich in meiner Liebe entfalten, und *mein* Geschöpf mußt Du seyn, Deine Blüthe muß in den Frühling meiner Liebe fallen. Hätten wir uns später gefunden, so hättest Du mir diese schöne Freude weggenommen, Dich für mich aufblühen zu sehen.« (Friedrich Schiller an Caroline von Beulwitz und Charlotte von Lengefeld, 15. 11. 1789; WB, Bd. 11, S. 462)

An Silvester 1790 reist Schiller mit seiner Frau nach Erfurt – zu einem Besuch bei Carl Theodor von Dalberg, der ihm eine Stelle an der Mainzer Universität in Aussicht gestellt hatte. (Diese Hoffnung erfüllt sich nicht; der spätere Kurfürst von Mainz wird aber ein wichtiger Förderer Schillers bleiben.) Am Nachmittag des 3. Januar nimmt Schiller an einer Sitzung der ›Kurfürstlichen Akademie nützlicher Wissenschaften‹ teil, in die er als Mitglied aufgenommen wird. Während des anschließenden Konzerts überfällt ihn ein plötzlicher Fieberanfall; er muss sich in einer Sänfte nach Hause tragen lassen. **Lungenkrankheit** Schillers schwere Lungenkrankheit ist – offenbar als eine Folge von Überanstrengung – ausgebrochen; an ihr wird er zeit seines Lebens zu leiden haben.

Von der Krankheit gezwungen, mit seinen Kräften zu haushalten, bittet er den Herzog, ihn von seinen akademischen Pflichten zu entbinden – mit Erfolg. Damit ist seine akademische

Karriere praktisch zu Ende, bevor sie eigentlich begonnen hat. (Schiller wird nur noch 1792/93 Vorlesungen veranstalten – »privatim«, in seiner eigenen Wohnung.)

> »Meine Brust, die noch immer nicht ganz hergestellt ist, erlaubt es nicht, daß ich viel schreibe, sonst hättest Du schon früher einen Brief von mir erhalten. Dieser noch fortdauernde Schmerz auf einer bestimmten Stelle auf meiner Brust, den ich bei starkem Einathmen, Husten oder Gähnen empfinde und der von einem Gefühl der Spannung begleitet ist, beunruhigt mich in manchen Stunden, da er durchaus nicht weichen will, und läßt mich zweifeln, ob meine Krankheit durch eine vollkommene Crise gehoben ist.« (Friedrich Schiller an Christian Gottfried Körner, 22. 2. 1791; WB, Bd. 11, S. 557 f.)

Im Mai kommt es erneut zu einem schweren Anfall der Krankheit. Schiller fürchtet den nahen Tod, er kann kaum sprechen und muss schriftlich von seiner Frau Abschied nehmen. Während sich sein Gesundheitszustand langsam wieder bessert, verbreitet sich das Gerücht seines Todes – bis nach Hellebæk bei Kopenhagen. Dort plant ein Verehrer Schillers, der Schriftsteller Jens Baggesen, gerade eine Feier zu seinen Ehren, die unversehens zur verfrühten Trauerfeier wird. Später klärt sich der Irrtum auf, und der Herzog von Schleswig-Holstein-Sonderburg-Augustenburg beschließt im Herbst 1792, Schiller auf drei Jahre eine Rente von jährlich 1000 Talern anzubieten. Aus Dank schreibt Schiller an den ›Augustenburger‹ eine Reihe von Briefen *Über die ästhetische Erziehung des Menschen*. Vgl. S. 91-93
Das höfische Mäzenatentum ist praktisch die einzige Möglichkeit für einen Autor, sich seinen Lebensunterhalt zu sichern. Solange in Deutschland noch kein funktionierendes Urheberrecht verhindert, dass sie durch Raubdrucke um ihre Tantiemen gebracht werden, sind literarische Autoren zu ständiger Neuproduktion (und ständigen Zugeständnissen an den sich wandelnden Publikumsgeschmack) gezwungen. Der tatsächlich ›freie‹ Schriftsteller ist, paradoxerweise, derjenige, der von fürstlicher Entlohnung abhängig ist. Dies gilt für Klopstock ebenso wie für Goethe.

Reise nach Schwaben

Anfang August 1793 reist Schiller zusammen mit seiner hochschwangeren Frau nach Schwaben. Anfang September zieht das Ehepaar nach Ludwigsburg – zusammen mit Schillers Schwester Louise, Charlottes Schwester Caroline und deren Schwägerin Ulrike von Beulwitz. Am 14. September wird der erste Sohn der Schillers, Karl, geboren. Schiller arbeitet meist nachts an den Briefen an den ›Augustenburger‹, pflegt tagsüber Umgang mit Eltern und Freunden – und stattet der Karlsschule einen Besuch ab, wo er von den Schülern mit großem Jubel empfangen wird.

In Stuttgart macht Schiller zwei wichtige Bekanntschaften: mit dem Philosophen Johann Gottlieb Fichte, der auf dem Wege ist, eine Professur in Jena anzutreten, und dem Verleger Johann Friedrich Cotta. Mit ihm bespricht er den Plan zu einer Zeitschrift (für die er bereits im Oktober 1792 Göschen vergeblich zu gewinnen versucht hatte): *Die Horen*.

> »Die Horen waren es, welche die neugeborene Venus bei ihrer ersten Erscheinung in Cypern empfingen, sie mit göttlichen Gewanden bekleideten, und so von ihren Händen geschmückt in den Kreis der Unsterblichen führten: eine reizende Dichtung, durch welche angedeutet wird, daß das Schöne schon in seiner Geburt sich unter Regeln fügen muß, und nur durch Gesetzmäßigkeit würdig werden kann, einen Platz im Olymp, Unsterblichkeit und einen moralischen Wert, zu erhalten.« (Schillers Ankündigung der *Horen*; WB, Bd. 8, S. 1003)

Mitte Mai zurück in Jena, beziehen die Schillers eine neue Wohnung, in der Nähe Wilhelm von Humboldts, mit dem sich ein intensiver Gedankenaustausch ergeben hatte und der zwischenzeitlich nach Jena gezogen ist. Humboldt wird schnell zum neben Körner und Goethe wichtigsten Gesprächspartner und Freund und zum aufrichtigen (und ehrfürchtigen) Bewunderer Schillers werden. Ihn, Fichte und seinen Nachfolger auf dem Jenaer Lehrstuhl, Karl Ludwig Woltmann, kann Schiller für die Mitarbeit an den *Horen* gewinnen, für die er die *Neue Thalia* aufgeben will, an der er seit langem offenbar immer weniger Interesse hat. Schiller lässt

Leben

Einladungen zur Mitarbeit an seiner neuen Zeitschrift drucken und versendet sie an mehr als dreißig namhafte Autoren,
darunter Kant, Lichtenberg, Klopstock (die sämtlich nicht
mitarbeiten), Herder, Alexander und Wilhelm von Humboldt, August Wilhelm Schlegel und – Goethe (am 13. Juni
1794). Der antwortet am 24. Juni. Es sind die ersten beiden
Briefe, die Goethe und Schiller wechseln. Ihnen sollten etwa
1000 weitere folgen.

›Klassische‹ Literaturpolitik (1794-1799)

»[…] ich vermied Schillern, der, sich in Weimar aufhaltend,
in meiner Nachbarschaft wohnte. […] alle Versuche von Personen, die ihm und mir gleich nahe standen, lehnte ich ab,
und so lebten wir eine Zeitlang nebeneinander fort.« So lapi-
dar resümiert Goethe die Vorgeschichte eines der folgen-
reichsten Freundschaftsbündnisse der deutschen, wenn nicht
der europäischen Kulturgeschichte – in dem 1817 veröffent-
lichten Text *Glückliches Ereignis*. Der beschriebene Zustand
dauerte bereits über sechs Jahre an, Schiller war inzwischen
nach Jena gezogen, als er und Goethe am 20. Juli 1794 bei   Begegnung
einer Tagung der ›Naturforschenden Gesellschaft‹ in Jena zu-   mit Goethe
sammentrafen und nach Ende der Sitzung – so berichtet Goethe – »zufällig beide zugleich« aus dem Haus traten: »Wir ge-
langten zu seinem Hause, das Gespräch lockte mich hinein;
da trug ich die Metamorphose der Pflanzen lebhaft vor, und
ließ, mit manchen charakteristischen Federstrichen, eine symbolische Pflanze vor seinen Augen entstehen. Er vernahm und
schaute das alles mit großer Teilnahme, mit entschiedener
Fassungskraft; als ich aber geendet, schüttelte er den Kopf
und sagte: das ist keine Erfahrung, das ist eine Idee. Ich stutz-
te, verdrießlich einigermaßen: denn der Punkt der uns trenn-
te, war dadurch aufs strengste bezeichnet.« (Glückliches Ereignis, FA, Bd. 24, S. 436 f.)
An Goethes Bericht fällt eine merkwürdige Reserviertheit in
der rückblickenden Charakterisierung Schillers auf: Obwohl
(oder weil) er selbst, der sich 1794 in einer Phase gesellschaftlicher Isolation und poetischer Stagnation befand, erheblich
von Schillers Impulsen profitiert hat, betont Goethe, dass

Schiller ihn nicht nur aus »Lebensklugheit«, sondern auch »wegen der Horen, die er herauszugeben im Begriff stand, mehr anzuziehen als abzustoßen gedachte« (FA, Bd. 24, S. 437).

Schiller über Goethe Am 23. November 1800 schreibt Schiller an Charlotte Gräfin von Schimmelmann über Goethe: »Aber diese hohen Vorzüge seines Geistes sind es nicht, was mich an ihn bindet. Wenn er nicht als Mensch für mich den größten Werth von allen hätte, die ich persönlich je habe kennen lernen, so würde ich sein Genie nur in der Ferne bewundern. Ich darf wohl sagen, daß ich in den 6 Jahren die ich mit ihm zusammen lebte, auch nicht einen Augenblick an seinem Charakter irre geworden bin.« (WB, Bd. 12, S. 544) Bei allem (großen) Respekt vor Schiller und dem Bewusstsein seiner Wichtigkeit als Gesprächspartner überwiegt in Goethes Äußerungen die Genugtuung über sich ergänzende Kunstauffassungen – sowie das Staunen über die rasante geistige Weiterentwicklung Schillers, der »alle acht Tage [...] ein Anderer und ein Vollendeterer« gewesen sei (zu Eckermann, 18. 1. 1825, FA, Bd. 39, S. 143). Aus der historischen Distanz mag es scheinen, als sei Schillers Verhältnis zu Goethe, nach einer Phase der abgrenzenden Annäherung an das »naive« Genie, schließlich ein herzlicheres geworden als das umgekehrte. Der Briefwechsel zwischen Schiller und Goethe legt genau das Gegenteil nahe. Immer wieder von Krankheiten zurückgeworfen, arbeitet Schiller für die *Horen* weiter an den Briefen *Über die ästheti-*

Vgl. S. 94

Goethes Haus am Frauenplan in Weimar

Leben

sche Erziehung des Menschen, deren erste im Januar 1795 im ersten Heft erscheinen. Mit Goethe, als dessen Gast er Mitte September für zwei Wochen in Weimar ist, führt er lange Gespräche über Malerei, Naturgeschichte und Optik – und über Theaterpläne. Goethe, der seit 1791 das Weimarer Hoftheater leitet, will die *Malteser* (die noch Fragment sind und es bleiben werden) aufführen und bittet Schiller um eine Theaterbearbeitung seines *Egmont*.

Eine Phase intensiver Zusammenarbeit zwischen den beiden beginnt Anfang Dezember. Goethe übersendet Schiller das erste, bereits gesetzte Buch von *Wilhelm Meisters Lehrjahre* und bittet ihn, obwohl »das Erz« den ersten beiden Büchern »schon die bleibende Form gegeben« habe, seine »offne Meynung« zu sagen (FA, Bd. 31, S. 46). Das tut Schiller – vor allem, was die nächsten Bücher betrifft, die er bereits im Manuskript erhält und an deren endgültiger Form er einen nicht geringen Anteil hat.

In dieser Zeit, Mitte der 1790er Jahre, betätigt sich Schiller vor allem als Publizist – und betreibt Literaturpolitik. Im Juni kommt es zu einem heftigen Streit mit Fichte, dessen *Horen*-Beitrag *Über Geist und Buchstab in der Philosophie* Schiller zurückgewiesen hatte – nicht nur wegen (angeblicher) Unverständlichkeit, sondern wegen radikaler Differenzen hinsichtlich ästhetischer Fragestellungen (Otto 1989, S. 407 ff.). Fichte reagiert empört auf Schillers Kritik und wirft Schiller seinerseits den unwissenschaftlichen Stil seiner philosophischen Schriften vor. Unversöhnlich prallen hier zwei Denk- und Argumentationsstile aufeinander: prägnante Anschaulichkeit (Schiller) und hochabstrakte Reflexion (Fichte).

Kontroverse mit Fichte

»Sie feßeln die Einbildungskraft, welche nur frei seyn kann, und wollen dieselbe zwingen, zu denken. Das kann sie nicht; daher, glaube ich, entsteht die ermüdende Anstrengung, die mir Ihre philosophischen Schriften verursachen; und die sie Mehrern verursacht haben. Ich muß alles von Ihnen erst übersetzen, ehe ich es verstehe; und so geht es andern auch.« (Johann Gottlieb Fichte an Friedrich Schiller, 27. 6. 1795; NA, Bd. 35, S. 232)

Der bei Herzog Carl August (und Goethe) offenbar missliebig gewordene Fichte wird in Folge des so genannten ›Atheismusstreits‹ 1799 nach Berlin gehen – nachdem er wohl unter dem Druck Kursachsens gezielt zu untragbaren Äußerungen provoziert worden war (Fallbacher 1985).

Die *Horen* bereiten Schiller generell Kopfzerbrechen: Die Zahl der Subskribenten bleibt weit hinter seinen und Cottas Erwartungen zurück. Damit ist die Zeitschrift für interessante Autoren wenig attraktiv.

Im Februar 1795 erscheint das letzte Heft der *Neuen Thalia*, allerdings ohne einen Beitrag Schillers. Der arbeitet bereits mit Hochdruck an einem neuen Projekt: Nach dem Tod Gottfried August Bürgers am 8. Juni 1794 hatte sich Schiller vergeblich um dessen Nachfolge als Herausgeber des *Göttinger Musenalmanachs* beworben. Nun soll der Plan eines eigenen Musenalmanachs umgesetzt werden. Anfang August 1794 wird der Neustrelitzer Buchhändler Michaelis mit Schiller handelseinig: Schiller soll ein jährliches Herausgeberhonorar von 300 Talern erhalten.

Für den eigenen *Musen-Almanach* wird Schiller auch wieder als Lyriker tätig und schreibt zum ersten Mal nach einer über **Ende der** sechsjährigen lyrischen Schaffenspause wieder Gedichte. **lyrischen Schaf-** Doch die Fertigstellung des Almanachs (und damit die Zah- **fenspause** lung des Honorars) verzögert sich, und Schiller verspricht Cotta, der großes Interesse daran hat, Schillers exklusiver Verleger zu werden, die Musenalmanache der nächsten Jahre. Schillers Entscheidung für Cotta sollte sich auszahlen: Die Vertragsbedingungen – hohe Honorare, regelmäßige Sonderzahlungen – verschafften ihm in seinen letzten Lebensjahren endlich eine gewisse finanzielle Sicherheit.

Im Spätsommer und Herbst 1795 entstehen wichtige lyrische **Vgl. S. 69** Texte, darunter das Gedicht »Elegie« (später »Der Spaziergang«) und die Abhandlung *Über naive und sentimentalische*

> »Ihren Gedichten hab' ich auf meiner Rückkehr [von Jena nach Weimar] hauptsächlich nachgedacht, sie haben besondere Vorzüge und ich möchte sagen, sie sind nun wie ich sie vormals von Ihnen hoffte. Diese sonderbare Mischung von Anschauen und Abstraktionen die in Ihrer Natur ist, zeigt sich nun in vollkommenem Gleichgewicht und alle übrigen poetischen Tugenden treten in schöner Ordnung auf.« (Johann Wolfgang von Goethe an Friedrich Schiller, 6. 10. 1795; FA, Bd. 31 4, S. 117)

Dichtung, die in Fortsetzungen in den *Horen* erscheinen soll. Dass Schiller in den Jahren 1794/95 deutlich mehr Gedichte schrieb, hat also handfeste ökonomische Gründe: Er musste seine publizistische Tätigkeit verstärken, weil aus seiner akademischen keine regelmäßigen Einkünfte mehr zu erwarten waren.

Aber die *Horen* bringen Schiller und Cotta weniger Geld ein als Ärger, ja an ihnen entzündet sich eine heftige publizistische Fehde: Vor allem der offenkundige Widerspruch zwischen der vollmundigen Ankündigung, »die Schönheit zur Vermittlerin der Wahrheit zu machen, und durch die Wahrheit der Schönheit ein daurendes Fundament und eine höhere Würde zu geben« (*Ankündigung* der *Horen*, WB, Bd. 8, S. 1002), und der tatsächlichen Qualität der Zeitschrift, daneben literaturpolitische Maßnahmen wie Absprachen mit der angesehenen *Allgemeinen Literatur-Zeitung*, erregen das Missfallen der Kritiker; auch das Konzept der ästhetischen Erziehung, das die *Horen* propagieren, sowie der philosophische Stil Schillers fordern zum Widerspruch heraus, der sich – in Rezensionen der Zeitschrift – auch freimütig äußert (Schwarzbauer 1993, S. 99 ff.).

Goethe schlägt vor, auf die Angriffe nicht im Einzelnen zu reagieren: »Wenn man dergleich Dinge in Bündlein bindet brennen sie besser.« (An Schiller, 28. 10. 1795, FA, Bd. 31, S. 121) Er ist es auch, der für eine Ausweitung des Kampfes plädiert und eine besondere Form vorschlägt: die Xenien, Distichen (also Verspaare, bestehend aus einem Hexameter und einem Pentameter), wie sie vom römischen Dichter Martial als spöttische Gastgeschenke zum Anlass der Saturnalienfeste überliefert sind. Beide Dichter machen sich mit großem Eifer an die satirisch-lyrische Gemeinschaftsarbeit: In einem knappen dreiviertel Jahr entstehen über 900 dieser nicht immer geschmackssicheren, inhaltlich (zuweilen auch metrisch) ungehobelten Spottverse, die vor allem (persönliche) Angriffe gegen publizistische Konkurrenten und Vertreter konträrer ästhetischer oder politischer Auffassungen vortragen. 414 von ihnen erscheinen Ende September 1796 im *Musen-Almanach für das Jahr 1797*, dem so genannten »Xenien-Almanach«, zu-

Der Xenien-Kampf

> *»Menschenhaß und Reue*
> Menschenhaß? Nein davon verspürt' ich beim heutigen Stücke
> Keine Regung, jedoch Reue, die hab ich gefühlt.«
>
> *»Nicolai auf Reisen*
> Schreiben wollt er und leer war der Kopf, da besah er sich
> Deutschland,
> Leer kam der Kopf zurück, aber das Buch war gefüllt.«
>
> (WB, Bd. 1, S. 612 [Nr. 271], S. 708 [Nr. 575]. *Menschenhaß und Reue* bezieht sich auf das gleichnamige Stück von August von Kotzebue. Nr. 575 zielt auf Friedrich Nicolais *Beschreibung einer Reise durch Deutschland und die Schweiz* [12 Bde., 1783-96]; es stammt von Schiller und wurde nicht in den *Musen-Almanach* aufgenommen.)

sammen u. a. mit 103 *Tabulae votivae*, gemäßigteren Versen über allgemeinere Themen. Danach notierte Schillers Verleger Cotta auffällig viele Abbestellungen der *Horen*, während der Almanach selbst ein großer kommerzieller Erfolg wurde: Es erschienen drei Auflagen mit insgesamt 3000 Exemplaren.

Ende Oktober 1796 nimmt Schiller ein neues großes Projekt in Angriff: die eigentliche Ausarbeitung des *Wallenstein*. Die Entscheidung, zu dessen Gunsten die *Malteser* erneut zurückzustellen, war im Gespräch mit Goethe gefallen. Cotta verspricht er, er werde ihn im Sommer des nächsten Jahres fertig gestellt haben. Damit hatte er sich gründlich verschätzt: Die Arbeit am Drama, das sich dann zur Dramen-Trilogie erweitert, wird sich bis in den März des Jahres 1799 hinziehen.

Vgl. »Wallenstein« S. 95-100

Nun setzt eine Phase enger dramaturgischer Zusammenarbeit zwischen Schiller und Goethe ein. Über den Plan zum *Wallenstein* spricht Schiller mit Goethe ausführlich bei dessen einmonatigem Besuch in Jena Ende Februar 1797. Dabei lässt er sich auch über den Kauf eines Hauses und die nötigen Umbauten beraten. Am 16. März kauft er für 1150 Taler Garten und Sommerhaus des verstorbenen Professors Johann Ludwig Schmidt. Dazu hatte er sich von Cotta einen Vorschuss auf die erhofften Gewinne seiner Werke auszahlen lassen. Er zieht am

Hauskauf in Jena

Leben

2. Mai dort ein, nachdem am Haus einige Umbauten vorgenommen worden sind. Über den Winter wird er, nicht zuletzt aus Rücksicht auf seine Gesundheit (das leicht gebaute Haus ist zugig und schwer zu heizen), wieder in die Stadt ziehen. Die weitere gemeinsame Arbeit Goethes und Schillers gilt nun hauptsächlich einer lyrisch-epischen Zwischengattung: Der *Musen-Almanach für das Jahr 1798*, der dann Anfang Oktober 1797 erscheint, soll ein »Balladen-Almanach« werden. In dichter Folge entstehen unter anderen Schillers Balladen »Der Ring des Polykrates«, »Der Handschuh«, »Der Taucher« und »Die Kraniche des Ibycus«. Dabei füllt schon die Arbeit am *Wallenstein* Schiller eigentlich ganz aus. Im Juli sendet er *Wallensteins Lager* an Cotta (obwohl er später noch wesentliche Änderungen vornehmen wird). Anfang November dann fasst Schiller den folgenreichen Entschluss, das Drama statt in Prosa in Versen zu gestalten.

Vgl. S. 70 f.

Karikatur von 1797: Boxkampf zwischen Schiller und Nicolai, am Boden Herder, im Gebüsch Goethe

Der »Prolog zu Wallensteins Lager« wird noch rechtzeitig fertig, um im *Musen-Almanach für das Jahr 1799* zu erscheinen. Es sollte der vorletzte sein; Mitte August 1798 hatte Schiller beschlossen, das Unternehmen aufzugeben. Bereits Anfang Juni waren *Die Horen* zum letzten Mal erschienen – ohne einen Beitrag Schillers zu enthalten. Schiller hat sie schlicht eingehen lassen: Zum Schluss hat er, wie schon im Falle der *Neuen Thalia*, immer weniger Interesse für sie aufgebracht, selten selbst für sie geschrieben, kaum auf die Qualität der anderen Beiträge geachtet. Die Zahl der Subskribenten war dementsprechend von 1800 im ersten Jahrgang auf 1000 zurückgegangen, ein Gewinn war damit nicht mehr zu erzielen.

Der endgültig letzte *Musen-Almanach* erscheint dann im Oktober 1799. Er enthält von Schiller lediglich drei Gedichte –

Vgl. S. 66 f.

darunter aber sein vielleicht berühmtestes: »Das Lied von der Glocke«. Bereits im Sommer 1788 hatte Schiller in Rudolstadt mehrfach eine Glockengießerei besucht, und seit Sommer 1797 arbeitete er an dem Gedicht; nun benutzte er seine Anschauung (und eine technische Enzyklopädie) für eine kritische Allegorie der Französischen Revolution und des Chaos, das sie heraufbeschworen hat – und für ein Lob häuslicher Idylle, das nicht erst aus der historischen Distanz unfreiwillig komisch wirkt: Wie Caroline Schlegel berichtet, seien die Jenaer Romantiker beim Lesen des Gedichtes »fast von den Stühlen gefallen vor Lachen« (Caroline Schlegel an ihre Tochter Auguste Böhmer, 21. 10. 1799, WB, Bd. 1, S. 880 f.).

Das Weimarer Hoftheater in der Zeit von 1798 bis 1825

Das »Lied von der Glocke« formuliert vor allem aber eine entschiedene Kritik an gewaltsamen Umstürzen im Allgemeinen,
an der Französischen Revolution im Besonderen. Von ihr hatte Schiller sich längst abgewandt, als er Anfang März 1798
Post »aus dem Reiche der Toten« erhielt (Goethe an Schiller,
3. 3. 1798, FA, Bd. 31, S. 509): die Ernennung zum französischen Ehrenbürger (ausgestellt auf einen gewissen »sieur
Gille, publiciste Allemand«), die 1792 einigen Ausländern, die
als Unterstützer der Revolution galten – darunter Klopstock
sowie der Pädagoge und Verleger Joachim Heinrich Campe –,
zuteil geworden war. Campe, der auch jetzt noch, nach den
blutigen Entwicklungen in Frankreich, die Revolution grundsätzlich guthieß, hatte die Dokumente an Schiller weiter ge-
schickt. Unterzeichnet waren sie vom Finanzminister Clavière
und vom Innenminister Roland de la Platière, die sich inzwischen beide das Leben genommen hatten, sowie von Georges
Jacques Danton, der durch die Guillotine hingerichtet worden war.

Am 12. Oktober 1798 wird das umgebaute Weimarer Theater
wieder eröffnet, mit *Wallensteins Lager* und dem »Prolog«,
gesprochen vom Darsteller des Max Piccolomini. Am *Piccolomini*-Drama, zu dem da noch die ersten beiden Akte des eigentlichen *Wallenstein*-Dramas gehören, arbeitet Schiller bis
Januar 1799. Die Uraufführung findet am 30. Januar statt –
unter großer Anteilnahme der Weimarer und Jenaer Bevölke-
rung, mit Ausnahme des Herzogs, »der an diesem Tag wie an
andern Tagen mit Schillers Poesie nicht viel anfangen konnte«
(Oellers, in: Gellhaus/Oellers [Hg.] 1999, S. 257). *Wallensteins Tod* schließlich wird Mitte März fertig gestellt und am
20. April – unter dem Titel *Wallenstein* – uraufgeführt.
Damit hat eine selbst für Schillers Verhältnisse außerordent-
liche Kraftanstrengung ein gutes Ende gefunden. Schiller aber
ist weit entfernt davon, sich zufrieden auf den dramaturgischen Lorbeeren auszuruhen – im Gegenteil: »Ich habe mich
schon lange vor dem Augenblick gefürchtet, den ich so sehr
wünschte, meines Werks los zu seyn; und in der That befinde
ich mich bei meiner jetzigen Freiheit schlimmer als der bishe-
rigen Sklaverey. Die Masse, die mich bisher anzog und fest

**Wiedereröffnung
des Weimarer
Theaters**

hielt, ist nun auf einmal weg, und mir dünkt als wenn ich bestimmungslos im luftleeren Raume hienge. Zugleich ist mir, als wenn es absolut unmöglich wäre, daß ich wieder etwas hervorbringen könnte; ich werde nicht eher ruhig seyn, bis ich meine Gedanken wieder auf einen bestimmten Stoff mit Hofnung und Neigung gerichtet sehe.« (An Goethe, 19. 3. 1799, WB, Bd. 12, S. 452)

Neue dramatische Pläne Neue Dramenpläne werden gefasst. Einem historischen Stoff aber will er sich (vorerst) nicht wieder zuwenden; statt dessen soll es ein erfundener sein. Die Wahl fällt, wieder einmal im Gespräch mit Goethe, auf das Motiv der feindlichen Brüder und damit nahezu auf ein Modemotiv des »Sturm und Drang« (und seiner eigenen *Räuber*). Entstehen wird daraus aber, fast paradoxerweise, die formstrengste, klassizistischste **Vgl. »Die Braut** Tragödie Schillers: *Die Braut von Messina*. Aber noch bevor **von Messina«** er die Arbeit daran überhaupt aufnimmt, wendet er sich zu **S. 105-107** nächst doch wieder einem historischen Sujet zu: Die Lektüre von David Humes *History of England* lässt in ihm den Plan reifen, die Geschichte der Maria Stuart auf die Bühne zu bringen. Und wohl auch die Idee einer Tragödie über die Jungfrau von Orléans hat dort ihren Ursprung.

Über den Sommer, während die Arbeit an *Maria Stuart* in einer der seltenen Phasen gesundheitlichen Wohlbefindens zügig voranschreitet, fasst Schiller den Entschluss, das Arbeitsleben noch stärker dem Theater zu widmen. Dazu, um sich Anregungen aus der eigenen Anschauung zu holen, will er die Winter in Weimar, in der Nähe von Goethes Hoftheater, verbringen. Aber der Zweitwohnsitz erhöht natürlich Schillers Lebenshaltungskosten beträchtlich. Also bittet er den Herzog um eine Gehaltserhöhung – es ist die erste, seitdem er überhaupt ein weimarisches Gehalt bekommt. Der Herzog willigt ein und verdoppelt Schillers Salär auf jährlich 400 Taler.

Am 11. Oktober 1799 wird Schillers Tochter Caroline Henriette Louise geboren. Kurz darauf erkrankt Charlotte Schiller an einem schweren Nervenfieber. Dass Schiller nachts an ihrem Bett wacht, bleibt nicht ohne Auswirkungen auf seine eigene Gesundheit. Erst nach vier Wochen bessert sich ihr Zustand so weit, dass sie eindeutig über den Berg ist.

Am 3. Dezember 1799 bezieht Schiller seine neue Wohnung in Weimar, zusammen mit seinem Sohn Ernst, der am 11. Juli 1796 geboren worden war. Lotte, der kleine Karl und die keine zwei Monate alte Caroline wohnen zunächst bei Charlotte von Stein und ziehen erst zwei Wochen später ein.

Umzug nach Weimar

Weimarisches Hoftheater (1800-1805)

Für Schiller beginnt am Neujahrstag 1800 das »neue Seculum« (an Goethe, 1. 1. 1800, NA, Bd. 30, S. 133) mit Theaterarbeit. Dabei zeigt sich erneut, dass er nicht auch nur entfernt daran denkt, sich auf seinen dramatischen Erfolgen auszuruhen – nicht einmal um seiner Gesundheit willen: Von Mitte Februar bis Ende März leidet er an einem Nervenfieber. Kaum sind seine *Macbeth*-Bearbeitung (am 14. Mai) und *Maria Stuart* (am 14. Juni) uraufgeführt, beginnt er mit den historischen Studien und der Planung der *Jungfrau von Orleans*. Zudem steht die Redaktion seiner ersten Gedichtausgabe an. Sie gestaltet sich ausgesprochen radikal: Aus der Zeit vor seiner Freundschaft mit Goethe nimmt Schiller lediglich fünf Gedichte in die Sammlung auf; auch das Lied »An die Freude« fällt der kritischen Revision zum Opfer.

Erneute Krankheit

Offizielle Feierlichkeiten zur Jahrhundertwende gibt es in Weimar erst 1800/01. Unmittelbar danach beeinträchtigt erneut eine Krankheit die Zusammenarbeit Goethes und Schillers – diesmal aber erkrankt Goethe schwer, an einer Gürtelrose im Gesicht. An eine Weiterarbeit an der *Jungfrau von Orleans* ist daher für Schiller vorerst nicht zu denken – statt dessen stehen den ganzen Januar über immer wieder Krankenbesuche an. Hinzu kommt die Übernahme von Goethes Probenarbeit am Hoftheater. Am 31. Januar wird Voltaires *Tancred* in Goethes Übersetzung aufgeführt – unter der Leitung Schillers. Eine Erkrankung Schillers, ein starker Katarrh und später eine starke Erkältung, ist die Folge dieser zusätzlichen Anstrengung.

Vgl. »Die Jungfrau von Orleans« S. 103-105

Auch gesellschaftliche Pflichten verzögern den Abschluss der Arbeiten an der *Jungfrau von Orleans* immer wieder, erst am 16. April 1801 kann er das Manuskript abschließen. Zu einer Aufführung aber kommt es vorerst nicht. Unmittelbar nach der Fertigstellung hat Herzog Carl August um Übersendung des Stückes gebeten und spricht sich eindeutig gegen

Furcht vor einem
Theaterskandal

eine Aufführung aus: Offenbar fürchtet er, dadurch kompromittiert zu werden, dass Caroline Jagemann, die auf dieses Fach abonnierte Hofschauspielerin und Mätresse des Herzogs, zum Gespött der Weimarer Gesellschaft würde; denn

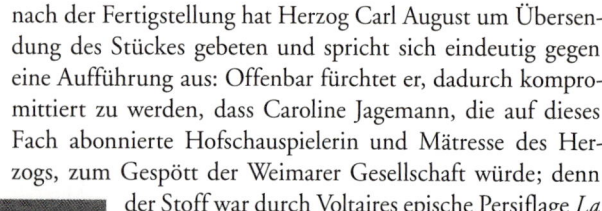

der Stoff war durch Voltaires epische Persiflage *La Pucelle d'Orléans* vorbelastet. Erst am 23. April 1803 wird das Drama, nachdem es am 11. September 1801 in Leipzig uraufgeführt worden ist, in Weimar gegeben. Die Titelrolle in Schillers Inszenierung spielt die neu verpflichtete Anna Amalia Malcolmi.

Schiller ist zunächst unschlüssig, ob er *Die Malteser* wieder vornehmen, ob er an ein Drama über den englischen Thronprätendenten Warbeck gehen oder sich einmal an einer Komödie versuchen soll. Schließlich entscheidet er sich für *Die Braut von Messina*, weil er, nachdem er sich lange mit der griechischen Tragödie beschäftigt hat, einmal selbst mit der »strengsten griechischen Form«

Fordernder
Förderer: Carl
August von
Sachsen-Weimar-
Eisenach

experimentieren will (an Körner, 13.5.1801, WB, Bd.12, S.570). Die anderen Pläne wird er nicht mehr vollenden können, und auch eine Komödie wird er nie schreiben.

Noch einmal, Anfang August 1801, reist Schiller, in Begleitung seiner Frau, nach Dresden zu Körners. Die Schillers wohnen im Weinberghaus in Loschwitz, wo Schiller sechzehn Jahre zuvor am *Dom Karlos* gearbeitet hatte. Der Abschied, am

Letzte Begeg-
nung mit Körner

19. September 1801, ist endgültig; es wird kein Wiedersehen zwischen Schiller und Körner geben.

Aus Rücksicht auf seine angeschlagene Gesundheit verlegt Schiller sich nach seiner Rückkehr auf eine dramaturgische Arbeit, die weniger Kraft erfordert: Er bearbeitet eine deutsche Prosaübersetzung von Gozzis *Turandot* und plant, nach deren Abschluss das *Warbeck*-Projekt wieder aufzunehmen. Auch wenn er sich dessen bis zum Herbst 1804 immer wieder annehmen wird – es bleibt Fragment. Anfang Dezember ist es dann einmal nicht die eigene Gesundheit, die das Arbeiten

Leben

erschwert, sondern die der Familie: Lotte und die Kinder erkranken an den in Weimar grassierenden Masern. Zum Jahresende erfolgt dann erneut ein heftiger Schlag: ein Cholera-Anfall mit Fieber und starken Krämpfen.

Turandot wird zum Geburtstag der Herzogin Luise am 30. Januar 1802 uraufgeführt – mit mäßigem Erfolg. Größeren Anklang finden lediglich die Rätsel für die Bewerber um die Hand der chinesischen Prinzessin, an denen offenbar auch Goethe und Schiller besonderen Spaß hatten und die bei den weiteren Aufführungen jeweils durch neue ersetzt werden.

Die dramaturgische Zusammenarbeit mit Goethe bedeutet für Schiller also längst nicht nur Erfolg und Anerkennung. Anlässlich seines Namenstags, am 5. März, wird er obendrein zum Zentrum eines Skandals und zum Instrument einer persönlichen Rache – durch

> »Es führt dich meilenweit von dannen
>   Und bleibt doch stets an seinem Ort,
> Es hat nicht Flügel auszuspannen,
>   Und trägt dich durch die Lüfte fort.
> Es ist die allerschnellste Fähre,
>   Die jemals einen Wandrer trug,
> Und durch das größte aller Meere
>   Trägt es dich mit Gedankenflug,
>   Ihm ist ein Augenblick genug!«
>
> (*Turandot*; WB, Bd. 1, S. 293.
> Gemeint ist das Fernrohr.)

August von Kotzebue. Der erfolgreiche Theaterschriftsteller verübelte Goethe, dass er seine Abrechnung mit den Jenaer Romantikern, das Stück *Die deutschen Kleinstädter*, nicht auf die Weimarer Bühne gebracht hatte, während August Wilhelm Schlegels *Ion* gespielt worden war – allerdings mit geringem Erfolg. Das hatte Kotzebue wiederum mit Schadenfreude quittiert. Sein Plan sah nun vor, Schiller mit einer pompösen Veranstaltung im Weimarer Stadthaus zu ehren – und damit vor allem Goethe deutlich zu demonstrieren, wen er für den größten Dichter Deutschlands hielt. Auf diese Weise hoffte er, Zwietracht zwischen den befreundeten Konkurrenten zu säen. Zunächst sollten einige Szenen aus *Dom Karlos*, *Maria Stuart* und *Die Jungfrau von Orleans* gespielt, anschließend das (von den Romantikern besonders gering geschätzte) »Lied von der Glocke« rezitiert werden. Kotzebue wollte, in der Rolle des ›Meister Glockengießers‹, eine Glockenform aus Pappmaché zerschlagen, unter der eine Schillerbüste zum Vorschein kommen sollte. Der Weimarer Bürgermeister aber verhinderte das Spektakel, indem er sich – wohl

Kotzebues Rachepläne

auf Weisung von oben – weigerte, den Saal des Stadthauses zur Verfügung zu stellen. Einer der vorgesehenen Beteiligten, Henriette von Egloffstein, schrieb Schiller (womöglich aus diplomatischen Erwägungen), dass er sich von der »Vorstellung« durchaus »Vergnügen« versprochen habe (NA, Bd. 31, S. 112). Goethe gegenüber äußerte er sich erheblich negativer; dieser soll dann noch 1827 Eckermann erzählt haben, die geplante Veranstaltung sei Schiller »so zuwider [gewesen], daß er vor

Schillers Haus auf der Esplanade in Weimar, das bereits 1847 als Gedenkstätte dem Publikum geöffnet wurde.

innerem Ekel darüber fast krank wurde« (FA, Bd. 39, S. 631). Dennoch will Schiller wegen der Nähe zu Goethe und zum Theater nun endgültig in Weimar sesshaft werden und ein Haus kaufen (die Wohnung in der Windischengasse A 71 ist schlicht zu laut). Ein großes Problem stellt freilich die Finanzierung dar. Um den fehlenden Rest zur Kaufsumme von 4200 Talern aufzubringen, für die Schiller das Haus an der Esplanade (der heutigen Schillerstraße) am 19. März kauft, bittet er Cotta um einen Vorschuss auf das Honorar seiner geplanten Dramen-Ausgabe; die Schwiegermutter leiht 600 Reichstaler (zu den üblichen 4 Prozent Zinsen), schließlich nimmt Schiller noch eine Hypothek von 2200 Talern auf. Am 29. April – am gleichen Tag stirbt, wie er erst später erfährt, die Mutter (der Vater war bereits am 7. September 1796 gestorben) – wird das neue Haus bezogen; allerdings stehen noch Umbau-

Hauskauf in Weimar

arbeiten an, die sich bis in den August hinziehen und teurer werden als vorhergesehen. Wegen des Baulärms ist an konzentrierte poetische Arbeit oft nicht zu denken.

Auch in gesellschaftlicher Hinsicht wird er noch einmal stärker an Weimar gebunden. Mitte November trifft aus Wien die Urkunde über Schillers Erhebung in den Reichsadelsstand ein.

> »Von Wien habe ich jezt mein Adels Diplom in optima forma erhalten. Die Anregung zu dieser Sache ist vom Herzog von Weimar geschehen, der mir dadurch etwas angenehmes erzeigen und meine Frau, welche bisher nicht nach Hof gehen konnte, auf einen gleichern Fuß mit meiner Schwägerin setzen wollte; denn es hatte etwas unschickliches, daß von 2 Schwestern die Eine einen vorzüglichen Rang am Hofe, die andre gar keinen Zutritt zu demselben hatte. Wäre meine Frau nicht von adelichem Stand, so würde ihr mein Adel nichts geholfen haben; so aber ist es anders und es könnte auch in der Folge auf die Versorgung meiner Kinder einen guten Einfluß haben. Sie können übrigens leicht denken, daß mir, für meine eigene Person, die Sache ziemlich gleichgültig ist.« (Friedrich von Schiller an Johann Friedrich Cotta, 27. 11. 1802; WB, Bd. 12, S. 634)

Das gesellschaftliche Ereignis dieser Zeit ist der Besuch von Anne Louise Germaine de Staël-Holstein, der französischen Schriftstellerin, Diplomatenwitwe und Tochter des Finanzministers Ludwigs XVI. Sie war 1802 aus Paris verbannt worden und bereiste nun Deutschland, wo sie mit den Weimarer ›Klassikern‹, aber auch den Jenaer Romantikern zusammentraf. Madame de Staël trifft Mitte Dezember 1803 in Weimar ein und bleibt bis Ende Februar. Goethe hatte sich nach Jena geflüchtet, um ihr aus dem Wege zu gehen; Schiller schätzte sie zunächst als anregende Gesprächspartnerin. Karl August Böttiger, der Gymnasialdirektor und spöttische Chronist des Weimarer Musenhofs, berichtet von einem Gespräch Madame de Staëls mit Wieland: »Sie habe in Weimar über eine Menge Gegenstände aus der Literatur und Philosophie ganz neue und ihr höchst überraschende und interessante Vorstellungen be-

Vgl. S. 117

kommen. Diese verdanke sie vorzüglich Göthen und Schillern. Schiller, der sich beinahe gar nicht im französischen ausdrücken könne, habe doch gleich in der ersten Unterredung mit ihr, wo die sichtbarste Anstrengung sich ihr verständlich zu machen ihm beinahe Krämpfe gegeben hätte, doch einige neue, lumineuse Ideen gegeben.« (Böttiger 1998, S. 372)

Bald aber erlahmt das Interesse. Schiller ist offenbar von der Streitlust und Unkonventionalität der Besucherin verstört und empfindet den Besuch zusehends als lästig – nicht zuletzt, weil er mit Hochdruck am *Wilhelm Tell* arbeitet, den er am 18. Februar abschließt. Entsprechend groß ist seine Erleichterung, als Madame de Staël schließlich nach Berlin weiterreist.

Vgl. »Wilhelm Tell« S. 107-110

In dieser Zeit, während Schiller wiederum sofort neue Pläne fasst und beschließt, den (Fragment bleibenden) *Demetrius* in Angriff zu nehmen, wächst die generelle Unzufriedenheit mit der Weimarer Situation.

> »Wenn Goethe noch einen Glauben an die Möglichkeit von etwas Gutem und eine Consequenz in seinem Thun hätte, so könnte hier in Weimar noch manches realisiert werden in der Kunst überhaupt und besonders im dramatischen. Es entstünde doch etwas, und die unselige Stockung würde sich geben. Allein kann ich nichts machen, oft treibt es mich mich in der Welt nach einem andern Wohnort und Wirkungskreis umzusehen; wenn es nur irgendwo leidlich wäre, ich gienge fort.« (Friedrich von Schiller an Wilhelm von Humboldt, 17. 2. 1803; WB, Bd. 12, S. 643 f.)

Reise nach Berlin

Am 26. April 1804 bricht er mit seiner Ehefrau und beiden Söhnen zu einer Reise auf, die über Leipzig nach Berlin führt. Die enthusiastische Aufnahme in der Berliner Gesellschaft, die sich wohltuend vom Alltag der ewig gleichen Begegnungen in der doch sehr betulichen Duodezresidenz unterscheidet, bestärkt ihn in seinen Abwanderungsgedanken, obwohl auch diese Anstrengung erneut gesundheitlichen Tribut – diesmal in Gestalt von Unwohlsein und Erschöpfung – fordert.

Am 4. Mai besucht er eine Aufführung der *Braut von Messina*, zwei Tage später Ifflands Inszenierung der *Jungfrau von Orleans*. Bei beiden Gelegenheiten bringt ihm das Publikum Ovationen dar. Prinz Louis Ferdinand veranstaltet ein Essen zu seinen Ehren, Königin Luise empfängt ihn zur Audienz. Sie will Schiller für Berlin gewinnen, und Schiller ist durchaus daran interessiert, zumindest für einige Jahre in Berlin zu bleiben. Iffland setzt sich für ihn ein, versucht beim Geheimen Kabinettsrat von Beyme eine Stelle am Theater oder der Akademie herauszuschlagen. Beyme bietet Schiller eine Pension von 3000 Reichstalern jährlich an; doch Schiller bittet sich Bedenkzeit aus.

Nach seiner Rückkehr schreibt Schiller an Carl August und schildert ihm die Berliner Möglichkeiten. Er äußert den Wunsch, in Weimar zu bleiben, macht das aber von einer deutlichen Gehaltsverbesserung abhängig: »Aber, gnädigster Herr, ich habe Familie, und ob ich gleich mit demjenigen, was mir die Großmuth Eurer Durchlaucht jährlich ausgesetzt, und mit dem, was meine Arbeiten mir erwerben, vollkommen ausreiche, so habe ich doch für meine Kinder noch wenig zurücklegen können. Ich bin 45 Jahre alt, meine Gesundheit ist schwach und ich muß auf die Zukunft denken. Diese einzige Rücksicht macht es mir zur Pflicht, eine wesentliche Verbeßerung meiner Umstände, die sich mir anbietet, nicht gleichgültig von mir zu weisen, aber glücklich würde ich mich schätzen, wenn ich diese Verbeßerung von der Gnade Eurer Durchlaucht erhalten, und so Ihnen und Ihnen allein alles verdanken dürfte.« (4. 6. 1804, WB, Bd. 12, S. 701 f.)

Der Herzog antwortet umgehend und signalisiert Zustimmung. Goethe wird vermittelnd tätig – und setzt Schillers Forderungen durch: zunächst eine Verdopplung der jährlichen Pension auf 800, später eine weitere Erhöhung auf 1000 Reichstaler. Schiller gibt den Plan einer dauerhaften Übersiedelung nach Berlin auf – womöglich mit Rücksicht auf seine Frau –, will aber, dazu rät ihm auch Carl August, dennoch von der avisierten Großzügigkeit der Preußen profitieren. Er schreibt an Beyme, dass er zwar in Weimar bleiben, aber gerne mehrere Monate des Jahres in Berlin verbringen wolle – freilich gegen ein angemessenes Salär: Schiller fordert 2000

Verhandlungen mit Carl August

1804 schrieb
Schiller »Die
Huldigung der
Künste«; hier die
Verse 179-196.

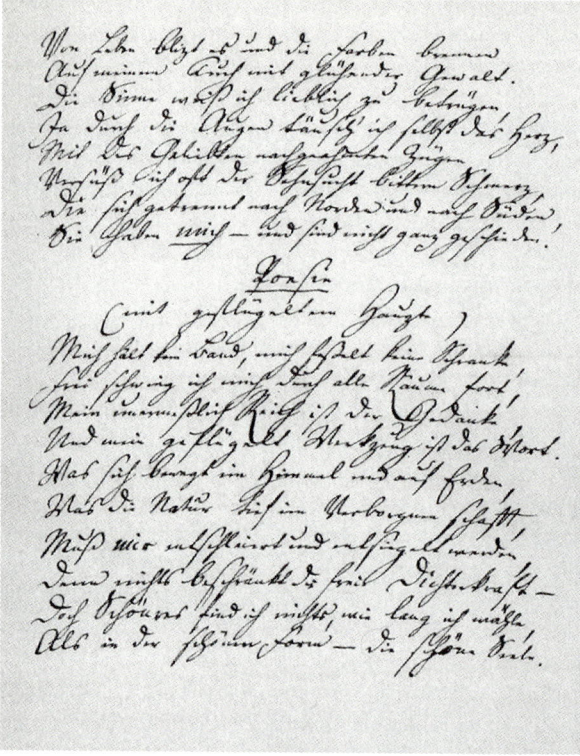

Reichstaler. Das aber ist den Berlinern offenbar zu teuer, denn
er erhält keine Antwort.

Schiller bleibt in Weimar. Einen Tag, bevor am 25. Juli 1804
sein viertes Kind, Emilie, geboren wird, bringt ihn eine schwere Erkrankung mit starken Koliken erneut in die Nähe des Todes. Sein Arzt, Johann Christian Stark, fürchtet um Schillers
Leben. Während sich die Genesung über mehr als sechs Wochen hinzieht und wieder einmal Gerüchte von Schillers Tod
die Runde machen, ist an Arbeit nicht zu denken.

Kaum ist Schiller einigermaßen wiederhergestellt, sind es erneut gesellschaftliche Pflichten, die eine selbstbestimmte Arbeit – der lange liegen gebliebene *Demetrius* harrt der Fortset-
zung – unmöglich machen: Für Anfang November ist ein

Staatsakt vorgesehen. Erbprinz Carl Friedrich von Sachsen-Weimar kehrt mit seiner frisch angetrauten Gemahlin, der russischen Prinzessin Maria Paulowna, aus Sankt Petersburg zurück. Die Uraufführung von Schillers Festspiel *Die Huldigung der Künste* (der Beitrag des Hoftheaters zum festlichen Protokoll) soll die Erbprinzessin zu Tränen gerührt haben. Den Brillantring, den man Schiller schon zuvor als Geschenk der russischen Kaiserin überreicht hatte, lässt er versetzen, um den Erlös von 500 Reichstalern für die Abzahlung der Hypothek auf sein Haus zu nutzen. Die Anstrengungen des Empfangs gehen nicht spurlos an Schiller vorüber. Abermals verschlimmert sich sein gesundheitlicher Zustand.

> »Ein heftiger Catarh den ich mir bei den lezten Festivitäten gehohlt, hat mich schon mehrere Wochen hart mitgenommen; leider ist meine Gesundheit so hinfällig, daß ich jeden freien Lebensgenuss gleich mit Wochenlangem Leiden büßen muß. Und so stockt denn auch meine Thätigkeit troz meinem besten Willen!« (Friedrich von Schiller an Christian Gottfried Körner, 10. 12. 1804; WB, Bd. 12, S. 720 f.)

Mitte Dezember beginnt Schiller zwar, auf Anregung Carl Augusts, mit einer Bearbeitung von Racines *Phädra*. Aber er spürt, dass sein Ende naht. Noch einmal, gegen Ende Februar, scheint er zu genesen. Nun kann er seinerseits den kranken Goethe (den Nierenkoliken und obendrein eine Lungenentzündung plagen) besuchen und vor allem langsam, aber entschieden wieder ans poetische Tagewerk gehen. Erneut nimmt er sich den *Demetrius* vor. Allerdings schreitet die Arbeit nur stockend voran. Schiller ist von der Krankheit sehr geschwächt, gibt sich aber dennoch hoffnungsvoll, dass auch diese Krise überwunden wird: »Indeßen will ich mich ganz zufrieden geben, wenn mir nur Leben und leidliche Gesundheit bis zum 50 Jahr aushält«, schreibt er an Körner am 25. April 1805, zwei Wochen vor seinem Tod (WB, Bd. 12, S. 739).

Am 1. Mai besucht Schiller, in Begleitung seiner Schwägerin, das Weimarer Hoftheater, das in den letzten Jahren zum Mit- **Schillers letzte Tage** telpunkt seines Schaffens geworden ist – es sollte sein letzter Besuch sein. Gegeben wird *Die unglückliche Ehe aus Delikatesse*, eine belanglose Komödie von Friedrich Ludwig Schröder. Auf dem Weg ins Theater kommt es zu einer letzten, flüchtigen Begegnung mit Goethe, der selbst noch an den Folgen seiner Krankheit laboriert.

Schiller kehrt schwerkrank aus dem Theater zurück. Starker Husten und schweres Fieber quälen ihn, es ist eine akute Lungenentzündung. Während er tagsüber noch versucht, weiter am *Demetrius* zu arbeiten, setzen ihm nachts schwere Krämpfe und Fieberphantasien zu. Am frühen Abend des 9. Mai 1805 stirbt Schiller in seinem Haus auf der Esplanade in Weimar.

»Den einen Abend ging ich nahe zu ihm: da nahm er meine Hand und sagte: Liebe Gute! – – Von mir nahm er ein, wenn er noch so sehr phantasierte, verlangte auch oft nach meiner Schwester, die mit treuer Liebe ihn pflegen half. Kurz, wenn er sich selbst fühlte, fühlten wir seine Liebe. Sein letztes Zeichen von Bewußtsein war, daß er mich anlächelte mit einem Blick, den ich malen möchte, aber nicht ausdrücken kann, so heiter himmlisch! Ich hob seinen Kopf auf die bessere Seite, und er sah mich so an und küßte mich – ach Gott! dieß war das letzte Zeichen seines Gefühls für mich! Dieser Blick gießt Frieden in mein Herz, wenn die Welt ihm zu enge wird.« (Charlotte von Schiller an Louise Franckh, 12. 6. 1805; zit. n. Petersen [Hg.] 1909, S. 282 f.)

Epilog: Im ernsten Beinhaus

Friedrich von Schiller wurde in der Nacht zum 12. Mai 1805, kurz nach Mitternacht auf dem Weimarer Jakobskirchhof bestattet – im so genannten »Kassengewölbe«, der dem Weimarischen Landschaftskassen-Direktorium gehörenden Gruft, in der solche Weimarer Persönlichkeiten bestattet wurden, die kein Familiengrab besaßen. Eine kirchliche Trauerfeier fand am Nachmittag des nächsten Tages statt. Bei beiden Gelegenheiten ist Goethe nicht zugegen gewesen; er mied Beerdigungen, wann immer er konnte.

Goethes scheinbare Teilnahmslosigkeit, das schmucklose Begräbnis sowie Gerüchte über Merkwürdigkeiten des Obduktionsberichts erregten einen Verdacht, der lange schwelte und schließlich 1928 in der grotesken Behauptung Mathilde Ludendorffs (der Frau des Militärs und nationalsozialistischen Politikers Erich Ludendorff) gipfelte, Schiller sei mit Billigung Goethes von den jüdisch gelenkten Freimaurern und Illuminaten ermordet worden.

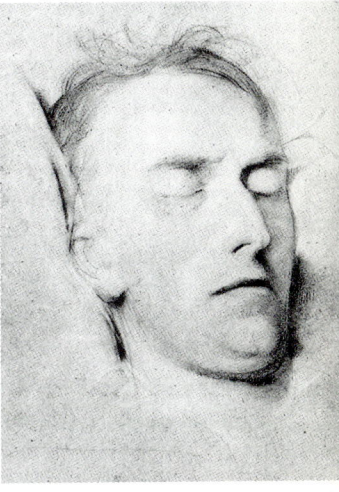

»Schiller im Tode«, Kreidezeichnung von Ferdinand Jagemann, Mai 1805

Exhumierung

Tatsächlich wurde mit der Form (die vielen Zeitgenossen eines Nationaldichters unwürdig schien) einerseits den Vorschriften und andererseits wohl den Wünschen der Witwe genüge getan, die allerdings das Kassengewölbe nicht als die endgültige Ruhestätte ihres Gemahls ansah. Als im Jahre 1818 ein neuer Friedhof eingeweiht wurde, verfügte sie, dass Schiller später dort neben ihr begraben werden sollte. Doch es kam anders.

Erst 1826 sollten Schillers Gebeine geborgen und umgebettet werden, was sich allerdings höchst schwierig gestaltete: Die Särge waren zerfallen, die meisten Leichen im Stadium weit fortgeschrittener Verwesung, Schillers körperliche Überreste schienen nicht auffindbar. Der Weimarer Bürgermeister Karl Leberecht Schwabe nahm schließlich die Dinge selbst in die Hand und ließ alle Schädel, die sich noch finden ließen (es waren 23 von etwa 77 Begrabenen), bergen und in seiner Wohnung aufstellen. Als Schillers vermeintlichen Schädel identifizierte Schwabe, so berichtet er selbst, intuitiv den größten. Bestätigt wird dieses Urteil durch einen – allerdings unzuverlässigen – Vergleich mit Schillers Totenmaske, die der Bildhauer Ludwig Klauer hergestellt hatte.

Bevor jedoch Schillers Gebeine aus dem Kassengewölbe hervorgeholt werden konnten, starb Charlotte Schiller in Bonn, wo sie auch begraben wurde. Damit war der Plan eines gemeinsamen Grabes hinfällig. Carl August, inzwischen Großherzog, regte – offenbar in Reaktion auf Gerüchte und Empörung über die Beerdigung – an, Schillers Schädel dauerhaft in der Großherzoglichen Bibliothek aufzubewahren. Am 17. September 1826 fand in der heutigen Herzogin Anna Amalia-Bibliothek eine etwas makaber anmutende Zeremonie statt: Ernst von Schiller übergab am Ende seiner ›Begräbnis‹-Rede den Schädel seines Vaters an August von Goethe, der ebenfalls eine von seinem Vater verfasste Rede hielt, dann wurde der Schädel beigesetzt: im verschließbaren Sockel einer Marmorbüste des Toten. Auch an dieser Zeremonie nahm Goethe nicht teil.

> »Im ernsten Beinhaus war's wo ich beschaute
>   Wie Schädel Schädeln angeordnet paßten;
>   Die alte Zeit gedacht' ich, die ergraute.
> [...]
>   Geheim Gefäß! Orakelsprüche spendend,
>   Wie bin ich wert dich in der Hand zu halten?
> Dich höchsten Schatz aus Moder fromm entwendend,
>   Und in die freie Luft, zu freiem Sinnen,
>   Zum Sonnenlicht andächtig hin mich wendend.
> Was kann der Mensch im Leben mehr gewinnen
>   Als daß sich Gott-Natur ihm offenbare?
>   Wie sie das Feste läßt zu Geist verrinnen,
>   Wie sie das Geisterzeugte fest bewahre.«
>
> (Johann Wolfgang von Goethe; FA, Bd. 2, S. 684 f.)

Aber die Bibliothek war nicht als endgültige Ruhestätte gedacht. Bereits eine Woche später ließ Goethe sich Schillers **Der Totenschädel** Schädel nach Hause bringen. Der Anblick inspirierte ihn zu dem berühmten Terzinen-Gedicht, dem der Nachlass-Herausgeber 1833 den Titel »Bei Betrachtung von Schillers Schädel« gab – obwohl Schillers Name im Gedicht nicht genannt wird. Goethe plante ein Doppelgrab samt Denkmal für sich und Schiller auf dem neuen Weimarer Friedhof, aber diese Vorstellung stieß auf den Widerstand der Weimarer Geistlichkeit. Carl August verfügte schließlich im September 1827 die Überführung des Schädels und der inzwischen ›identifizierten‹ Gebeine Schillers in seine eigene Gruft, was am 16. Dezember geschah. Am 26. März 1832 folgte der Leichnam des vier Tage zuvor verstorbenen Goethe, und schließlich auf einem steinernen Doppelpodest nebeneinander platziert, nehmen die beiden Dichterfürsten bis heute einen Großteil der Fürstengruft für sich ein.

Seit 1914 jedoch gibt es einen zweiten, erheblich unauffälligeren Sarg mit vermeintlichen Überresten Schillers – weil Schwabes Identifikation in Zweifel gezogen worden und erneut gesucht worden war. Die (bisher) letzte Prüfung der Identität des Schädels wurde 1961 vorgenommen: von einem russischen Spezialisten, der wiederum Schwabes Intuition bestätigte (Schöne 2002).

Welcher der beiden Schädel, die in der Fürstengruft bestattet sind, tatsächlich derjenige Schillers ist – oder ob es keiner von beiden ist und Schillers Schädel längst zusammen mit denjenigen Dutzender anderer zu »Moder« zerfallen und für ewig verloren ist –, wird womöglich nie geklärt werden. Aber vielleicht sind gerade diese Ungewissheit, das Geheimnis der Identität, die Unmöglichkeit positiver Identifikation mit dem Materiellen Schiller angemessen, der, wie Goethe schon 1792 (also noch vor Beginn seiner Freundschaft mit Schiller) urteilte, »in seine Phantasiewelt verschlossen« und ein »Fremdling in der wirklichen« gewesen sei (FA, Bd. 30, S. 608).

Ein zweiter Sarg

Werk

Von der (Gedanken-)Lyrik zum Drama der Geschichte

Schillers Werkgeschichte zerfällt in drei oder vier klar abgrenzbare Phasen, die einerseits durch äußere Einflüsse (wie Geldsorgen und berufliche Entscheidungen) bedingt, andererseits durch das absolute Vorherrschen bestimmter Gattungen charakterisiert sind. Den ersten, bereits in den 70er Jahren des 18. Jahrhunderts beginnenden Abschnitt, in dem neben einigen Erzähltexten vor allem Gedichte und Dramen entstehen, beendet um 1787 der Entschluss, die Arbeit auf das Feld der Geschichtsschreibung zu verlagern. Davon erhofft sich Schiller symbolisches und ökonomisches Kapital, höheres Ansehen und bessere Verdienstmöglichkeiten. Diese zweite, theoretische Phase, in der Schiller kaum Gedichte und kein Drama schreibt, lässt sich wiederum in zwei Abschnitte unterteilen, in dessen späterem er sich fast ausschließlich mit Fragen der Ästhetik beschäftigt. Entscheidend wirkt hier die Lektüre der kritischen Schriften Kants, der er sich Anfang 1791,

Vgl. S. 36 nach kaum überstandener lebensgefährlicher Krankheit (die schließlich doch tödlich endet), widmet.

Die beiden Richtungen seiner theoretischen Beschäftigung – Geschichte und Ästhetik – münden schließlich 1796 in die Produktion des *Wallenstein*. Damit setzt die dritte und letzte Phase von Schillers literarischem Schreiben ein, in der er dann fast keine theoretischen Texte und ab 1798 auch kaum noch Gedichte verfasst. Sie steht deutlich unter zwei Einflüssen: dem bereits die ästhetischen Schriften prägenden Abscheu über den brutalen Verlauf der Französischen Revolution und auch der Zusammenarbeit mit Goethe (der von Schiller aber wohl mindestens ebenso profitiert hat wie dieser von jenem). In der ästhetischen Theorie lassen sich tendenziell eine Abkehr von der konkreten Wirkung der Kunst auf die Realität und eine Hinwendung zur Utopie wahrnehmen; vor allem in der dramatischen Praxis aber gewinnt eine vom Ideal weit entfernte Realität an Gewicht.

Identisch bleiben die zentralen Themen: Stets geht es um die psychologischen und historischen Voraussetzungen, Möglichkeiten und Grenzen menschlichen Handelns – und um die Frage, was die Funktion und die spezifische Leistung der Literatur noch sein kann, nachdem diese durch die ›genieästhetische‹ Erfindung des autonomen Autorsubjekts in ihre Autonomie entlassen ist. Während die theoretischen Schriften systematische Antworten auf diese Fragen zu formulieren suchen (ohne dass dies immer widerspruchsfrei gelänge), loten die literarischen Texte die möglichen Leistungen der Form aus. Schillers Lyrik changiert dabei zwischen einer Illustration seiner Ästhetik und dem Spiel mit dem poetischen Potential (wie besonders im Falle der Balladen). Schillers Dramatik, vor allem der letzten, ›klassischen‹ Werkphase, folgt der Einsicht, wie es in *Über das Pathetische* heißt, dass »Ideen im eigentlichen Sinn und positiv nicht darzustellen [sind], weil ihnen nichts in der Anschauung entsprechen kann«, dass sie also nur »negativ und indirekt« in ihrem Wirken dargestellt werden können (WB, Bd. 8, S. 430). Dabei wird das Ideal, in höherem Maße als in den frühen Dramen, den Widersprüchen der Realität ausgesetzt.

In all ihrer komplexen (und bis heute produktiv wirkenden) Vielschichtigkeit, ja Widersprüchlichkeit agieren Schillers Dramen, verkörpert in den *dramatis personae*, die Widersprüche der Ästhetik aus, die Schiller selbst als die Widersprüche der Moderne diagnostiziert hat; damit sind sie letztlich der Theorie voraus.

Widersprüche und Spannungen

Als Schiller stirbt, finden sich in seinem *Marbacher Dramenverzeichnis*, das er von 1797 bis 1804 geführt hat, die Titel von sieben vollendeten Dramen – und von 25 nicht vollendeten, von denen ein gutes Dutzend in Form von Entwürfen oder Fragmenten überliefert ist. Auch wenn Literaturgeschichte wohl erheblich weniger sinnvoll im Konjunktiv geschrieben werden kann als Ereignisgeschichte – so viel lässt sich sagen: Schillers nächstes Drama wäre wohl der *Demetrius* geworden, mit dem die dramatische Komplexität durch Konfrontation eines Ideals mit der (politischen) Realität wohl noch einmal gesteigert worden wäre. Dazu ist es nicht mehr gekommen.

64

Die Lyrik

Die Behauptung, Schillers Gedichte seien zu gedankenschwer, zu reflektiert, zu konstruiert, um ›wahre‹ Lyrik zu sein, kam bereits zu Lebzeiten des Autors auf und zieht sich wie ein Leitmotiv durch die Rezeptionsgeschichte. Schon Jean Paul spricht in seiner *Vorschule der Ästhetik* (1804) von Schillers »Reflexion-Poesie« (Jean Paul 1963, S. 98). Gefühl versus Reflexion, authentischer Ausdruck versus kalkulierter Spracheinsatz – Schiller selbst hat der Anwendung solcher Gegensatzpaare Vorschub geleistet, als er sich in einem Brief an Körner gegenüber Goethe, der für ihn den naiven Dichter verkörperte, als »poetischen Lump« abqualifizierte (27. 6. 1796, NA, Bd. 28, S. 231).

Vgl. S. 94

In zwei Jahrhunderten literaturkritischer und -wissenschaftlicher Auseinandersetzung mit Schillers Lyrik ist diese meist als ›Gedankenlyrik‹ bezeichnet – und, abwertend, in einen Gegensatz zur ›echten‹, ›wahren‹ Lyrik gesetzt worden (Kurscheidt 1992, S. 751 ff.). Daran ist ebenso viel Richtiges wie Falsches. Falsch ist der Gegensatz, insofern er mit der Vorstellung arbeitet, ›wahre‹ Lyrik sei ›Erlebnislyrik‹ – und damit spontaner Ausdruck von erlebtem Gefühl eines mit dem Autor (mindestens sehr weitgehend) identischen lyrischen Ich, der mit großem emotionalen Aufwand und ohne rhetorisches Kalkül spontan aus der Feder geflossen sei. Dabei lässt sich – etwa durch den Vergleich von überlieferten Entstehungsvarianten und Fassungen – leicht das Erwartbare nachweisen: Was am spontansten und ungekünsteltsten wirkt, ist meist das Ergebnis von ausdauernder Kunstanstrengung, von Handwerk. Wer das Gegenteil annimmt, sitzt einer Propaganda des unreflektiert ›aus sich heraus‹ schaffenden Genies auf, die im deutschen so genannten »Sturm und Drang« als Gegenposition zur Vorherrschaft einer französisch geprägten Regelpoetik behauptet worden ist.

Schiller hat sich von seinen eigenen Sturm-und-Drang-Erzeugnissen später stark distanziert und nur wenige frühe Gedichte, nach starken Umarbeitungen, in seine Gedichtsammlungen aufgenommen. Dem Bild der aus sich heraus schaffenden poetischen Subjektivität widersprechen auch Schillers Interesse

»Und der Mensch versuche die Götter nicht«: Aquarell von Philipp von Foltz zur Ballade »Der Taucher«

an Diskussionen über entstehende Gedichte und seine Aufgeschlossenheit gegenüber formaler und inhaltlicher Kritik, die ihn häufig zu Veränderungen veranlasste. Besonders auf Goethes, Körners und Wilhelm von Humboldts Urteil gab Schiller viel.

Ganz und gar untypisch für die lyrische Produktion der Zeit ist auch, dass Schillers Gedichten zwei Momente völlig fehlen: »unreflektierte Naturschilderung und private Passion« (Kurscheidt 1992, S. 763). Insofern Natur und Leidenschaft, im Erwartungshorizont wohl immer noch der meisten Leser, zu den lyrischen Themen schlechthin gehören, trägt auch diese Lücke zu dem Eindruck bei, Schillers Lyrik sei keine Lyrik im gewöhnlichen, emphatischen Sinne des Wortes.

Gedankenlyrik Immer wieder hingegen lässt sich an Schillers Gedichten beobachten, dass sie zum Vehikel seiner Ästhetik gemacht werden, dass sie das spannungsvolle Verhältnis von Ideal und Leben thematisieren. Dass Schiller sich damit im Gegensatz zum lyrischen Geschmack seiner Zeitgenossen befand, nicht jedoch zu den von ihm postulierten Erfordernissen der Zeit, hat er auch selbst reflektiert: in seiner Rezension von Gottfried August Bürgers Gedichten, wo er von der Lyrik fordert, sie solle der »Vereinzelung und getrennten Wirksamkeit unserer Geisteskräfte« entgegenwirken und »Kopf und Herz, Scharfsinn und Witz, Vernunft und Einbildungskraft in harmonischem Bunde beschäftig[en]« (WB, Bd. 8, S. 972).

In scheinbarem Widerspruch zum philosophischen Anspruch der Gedichte steht die Popularität, ja Volkstümlichkeit der Schillerschen Lyrik, die besonders im 19. Jahrhundert merkwürdige Blüten trieb. Aber sie knüpft sich an die eher leichtgewichtigeren Texte wie »Das Lied von der Glocke«, an die Balladen oder an Gedichte wie »An die Freude«, die an bestimmte Gelegenheiten gebunden sind.

»Das Lied von der Glocke«, vgl. S. 46 f.

»Freiheit und Gleichheit! hört man schallen,
Der ruh'ge Bürger greift zur Wehr,
Die Straßen füllen sich, die Hallen,
Und Würgerbanden ziehn umher,
Da werden Weiber zu Hyänen
Und treiben mit Entsetzen Scherz,
Noch zuckend, mit des Panthers Zähnen,
Zerreißen sie des Feindes Herz.«

(*Das Lied von der Glocke*;
WB, Bd. 1, S. 66 f., V. 362 ff.)

Verstärkt wird diese Popularität noch durch Parodien, die sich meist eben dieselben Gedichte vornehmen: »Das Lied von der Glocke« ist wohl das meist parodierte Gedicht der deutschen Literatur überhaupt. An ihm lassen sich alle Merkwürdigkeiten

der Schiller-Rezeption durchs 19. bis ins 20. Jahrhundert auf-
zeigen: Feier der schieren poetischen Größe, Vereindeutigung
des Gehalts zur (konservativen) politischen Aussage, Reduk-
tion auf eine Folge von Sinnsprüchen. Daran ist der Text des
Gedichtes alles andere als unschuldig. Das Konzept, eine lied-
hafte Schilderung des Glockengießens mit allgemeinen kultur-
geschichtlichen und zeithistorischen Beobachtungen zu ver-
binden, überzeugt durchaus; für die konkrete Ausführung gilt
das weniger. Tatsächlich handelt es sich um ein »gekonntes
Zunftlied, das durch seine ausufernden Kommentare zu einer
schlechten Allegorese wurde« (Berghahn 1996, S. 281).
Zudem irritieren die konservativen, wenn nicht reaktionären
politischen Akzentuierungen: Ein konservatives Geschlech-
terbild (»Und drinnen waltet / Die züchtige Hausfrau, / Die
Mutter der Kinder«, WB, Bd. 1, S. 59; V. 116 ff.), harsche Kri-
tik an der Französischen Revolution und ein entschiedenes   **Bilder politischer**
Plädoyer für staatlich garantierte Ordnung gehen mit unfrei-   **Ordnung**
willig komischen Sinnsprüchen, die dann zu unfreiwillig un-
komischen Parodien Anlass boten (»Wo rohe Kräfte sinnlos
walten, / Da kann kein Knopf die Hose halten«), eine unselige
Allianz ein. Als Hans Magnus Enzensberger es aber 1966 wag-
te, in den von ihm betreuten Gedichtband der Insel-Werk-
ausgabe Schillers, neben anderen berühmten Gedichten, das
»Lied von der Glocke« nicht aufzunehmen, weil es »festge-
mauert, aber entbehrlich« sei und vor allem weil es in ein
ästhetisch anspruchsvolles Lied über den Glockenguss und
»plakatierte Trivialität« über allerlei Weltanschauliches aus-
einanderfalle (zit. n. Oellers [Hg.] 1976, S. 467 ff.), erregte
er damit den massiven Widerspruch der Hüter des Kanons.
Wenn Schillers Gedichte nicht der (geschichts-)philoso-
phisch-ästhetischen Reflexion dienen sollten, dann handelte
es sich meist um Auftragsarbeiten oder persönliche Wid-
mungsgedichte, die von ihm erbeten worden waren, um Beiträge zu Almanachen und Taschenbüchern anderer Herausgeber und nicht zuletzt um Texte, die seine eigenen Periodika
füllen (und verkaufen) helfen sollten: die *Thalia*, die *Musen-
Almanache*, die *Horen*.
Die enge Verknüpfung der lyrischen Produktion mit der pub-

lizistischen Tätigkeit prägt bereits die erste eigene Veröffentlichung: die *Anthologie auf das Jahr 1782*, die allerdings kommerziell ein Misserfolg war. Sie enthält neben Gedichten von
Schillers Stuttgarter Freunden und von seinem Lehrer Abel
vor allem eigene lyrische Arbeiten. Um eine größere Zahl von
Mitarbeitern vorzutäuschen, sind die Gedichte mit 23 verschiedenen Chiffren unterzeichnet – mit dem Ergebnis, dass
die Verfasserschaft in einigen Fällen bis heute nicht zweifels-
frei geklärt ist. Mit ziemlicher Sicherheit stammen 48 der
83 Gedichte von Schiller.

Die *Anthologie* ist »bewußt auf thematische und stilistische
Vielfalt« angelegt und »enthält ein wahres lyrisches Potpourri«
(Kurscheidt 1992, S. 781), das sich geläufiger Muster bedient:
schwärmerisches Pathos à la Klopstock, Gedankenlyrik im
Stile Albrecht von Hallers, barocke Totenklagen, politische
Lyrik nach dem Vorbild Christian Friedrich Daniel Schu-
barts, Sozialkritik, dazu Erotisches – in mythologischer Verbrämung und auch in drastischer Offenherzigkeit. Mit der
Vielfalt der lyrischen Techniken und poetischen Stimmlagen,
die Schiller durchspielt, zeigt er sich als »poetischer Stimmen-
imitator hohen Ranges« (Alt 2000, Bd. 1, S. 235). Zwei Töne
jedoch fehlen: der typische tändelnde Ton Goethescher Lie-
beslyrik und das Volkslied.

Während Schillers ›klassische‹ Lyrik als Umsetzung bereits
theoretisch entwickelter ästhetischer Positionen gelesen werden kann, können die großen ›philosophischen‹ Gedichte der
späten 1780er Jahre als Entwicklungsschritte auf dem Wege
der Ausbildung einer eigenen ästhetischen Position verstanden werden. »Die Götter Griechenlandes«, im März 1788
im *Teutschen Merkur* erschienen, kontrastiert eine mytholo-
gisch beschriebene harmonische antike Welt mit der durch
Zweckrationalität charakterisierten Moderne. Bereits hier formuliert Schiller den Gegensatz zwischen dem Naiven und
dem Sentimentalischen und beklagt die ›Entgötterung‹ der
modernen Welt.

Im Jahre 1795 wendet sich Schiller nach jahrelanger Pause
wieder der Lyrik zu. Es entsteht, zum Zweck der Publikation
in seinen eigenen Zeitschriften, eine Reihe derjenigen Ge-

»Anthologie auf
das Jahr 1782«

Vgl. S. 93 f.

dichte, die für seinen Ruf als Gedankenlyriker verantwortlich sind und die vor allem ästhetische Konzepte ins Medium der Lyrik überführen: »Das Reich der Schatten«, im September 1795 in den *Horen* erschienen (später »Das Reich der Formen«, ab 1804 »Das Ideal und das Leben«), will einerseits die Ur-Harmonie einer (konstruierten) griechischen Antike unmittelbar vorstellen und beschwört andererseits, im Anschluss an die Briefe *Über die ästhetische Erziehung*, die Macht des Schönen und seine Vergegenwärtigung in der Form, die den Stoff vertilgt – was der Text in das Bild der Apotheose des Herakles fasst.

Vgl. S. 91–93

Eine besondere Neigung hatte Schiller zu Distichen, also zu Verspaaren im strengen Wechsel von Hexametern und Pentametern. Die Elegie (d. h. ein Langgedicht in Distichen) mit dem programmatischen Titel »Elegie« (ab 1800: »Der Spaziergang«), im Oktober 1795 in den *Horen* erschienen, verknüpft das Motiv der Wanderung durch die schöne, im weiteren Verlauf schroffer und erhabener werdende Natur mit einem Gang durch die Kulturgeschichte der Menschheit bis zur Aufklärung und Französischen Revolution und entwirft dabei ein Kaleidoskop der Moderne und ihrer Entfremdungserfahrungen. Der Fortschritt der Kultur erscheint einerseits als Entwicklung der Möglichkeiten des Menschen, andererseits, in Anlehnung an Rousseaus Aufklärungskritik, als Entfernung des Menschen von der Natur. Ein sentimentalisches Bild der Geschichte vermittelt das Gedicht insofern, als das verlorene Arkadien als Elysium wiedergewonnen werden kann: im Genuss des Naturschönen im Bewusstsein der Entfernung von einem paradiesischen Ursprung. Am Ende des Gedichts wird die »verlorne Natur‹ als Realität vor[gefunden]«; ihr Anblick »gemahnt das lyrische Ich an das Paradies des Ursprungs und ermuntert es zugleich, die Hoffnung auf eine glücklichere Zukunft nicht aufzugeben« (Riedel 1989, S. 99 f.).

Mit dem ebenfalls im technischen wie im metaphorischen Sinne elegischen Gedicht »Nänie« (1799 entstanden, zuerst veröffentlicht 1800 im ersten Teil der bei Crusius erschienenen *Gedichte*) findet diese »Hochphase lyrischer Kreativität« ihren Abschluss. Es ist ein »Klagelied in zweiter Potenz«: eine

»Nänie«

unendliche, erinnernde Reflexion über die Endlichkeit des irdischen Schönen (Oellers 1996, S. 179). Hier erscheint die Schönheit als zeitlose Größe, als Ideal, an das deswegen nur noch im Trauerlied erinnert werden kann.

> »Siehe! Da weinen die Götter, es weinen die Göttinnen alle,
>   Daß das Schöne vergeht, daß das Vollkommene stirbt.«
>
> (*Nänie*; WB, Bd. 1, S. 183, V. 11 f.)

Schillers berühmte Balladen entstanden zum Großteil 1797, im engen Kontakt mit Goethe, um den *Musen-Almanach für das Jahr 1798*, den so genannten »Balladen-Almanach«, zu füllen. Während die Balladen, die Goethe in dieser Situation der Kooperation und Konkurrenz verfasste, meist mit einem »geheimnisumwitterten Naturbild« spielen, zeigen Schillers Erzählgedichte dieselben Interessen ihres Autors wie seine Dramen: die Darstellung von fiktiven Figuren in physischen, psychischen, moralischen »Extremsituationen« (Alt 2000, Bd. 2, S. 349 ff.) sowie ein Experimentieren mit den poetischen Mitteln, um maximale Wirkung auf den Rezipienten zu erzielen. Eine der berühmtesten und auch gelungensten Balladen ist »Die Kraniche des Ibycus«, entstanden im August 1796 (nachdem zunächst Goethe den Stoff hatte bearbeiten wollen). Sie erzählt davon, wie der gefeierte Dichter Ibycus einem Überfall zum Opfer fällt, dessen Zeugen nur eine Schar Kraniche sind; ihr Erscheinen über dem Theater veranlasst dann die Mörder zur spontanen Selbstentlarvung – »Sieh da! Sieh da, Timotheus, / Die Kraniche des Ibycus!« (WB, Bd. 1, S. 96, V. 155 f.) Der Text ist aber nicht nur ein (formales) Experiment, in metrisch gebundener Form spannende Begebenheiten zu erzählen, oder eine gereimte psychologische Studie über eine Fehlleistung aus Schuldbewusstsein – es ist auch ein Gedicht über die Möglichkeiten der Dichtung und der Literatur im Allgemeinen. Der Dichter Ibycus »delegiert [...] seine Rache an Kraniche«, sie werden erst zu Schicksalsvögeln gemacht (Pestalozzi 1996, S. 230). Dass Schiller die Selbstbezichtigung der Mörder ausgerechnet im Kontext einer Theateraufführung in Szene setzt, zeigt, im Einklang mit der Rede *Was kann eine gu-*

Vgl. S. 45

»Die Kraniche des Ibycus«

te stehende Schaubühne eigentlich wirken?, die »Gewalt der künstlerischen Darstellung über die menschliche Brust« (W. von Humboldt, zit. n. Oellers [Hg.] 1970, S. 291). Das Moment der nationalen Einigung durch Kunst – »Wer zählt die Völker, nennt die Namen, / Die gastlich hier zusammen kamen?« (WB, Bd. 1, S. 94, V. 89 f.) – verweist wohl nicht nur auf den Anspruch der Literatur, neben der (psychologisch fundierten) moralischen Wirkung auch »zur geistigen Einigung der deutschen Nation bei[zu]tragen« (Pestalozzi 1996, S. 235), sondern auch konkreter zurück auf Lessings Projekt, »den Deutschen ein Nationaltheater zu verschaffen, da wir Deutsche noch keine Nation sind«.

Vgl. S. 13

Auch mit seiner Lyrik verfuhr Schiller nach ökonomischen Gesichtspunkten. 1803 erschien der *Zweite Teil* der *Gedichte*, der auch ältere Gedichte, etwa aus der *Anthologie*, in nicht-überarbeiteten Fassungen enthielt. Eine »Prachtausgabe« seiner Gedichte, die sein Verleger Crusius angeregt hatte und deren Planung Schiller bis zu seinem Tod beschäftigte, kam auch danach – wegen eines Rechtsstreits zwischen Crusius und Charlotte Schiller – nicht zustande.

Die Räuber

Die eigentliche Niederschrift des lange geplanten Dramas erfolgte im Frühjahr und Sommer 1780. Es erschien 1781 anonym und im Selbstverlag in 800 Exemplaren. Am 13. Januar 1782 wurde es in Mannheim uraufgeführt – mit erheblichen Änderungen, die Intendant Dalberg gegen Schillers Intention durchgesetzt hatte: darunter, aus politischer Rücksichtnahme, die Verlegung der Handlung, die Schiller in seiner Gegenwart angesiedelt hatte, ins ausgehende Mittelalter. Ein weiterer wesentlicher Eingriff betraf den Schluss des Textes, der dadurch, so die jeweiligen Untertitel, vom »Schauspiel« zum »Trauerspiel« umgeformt wurde.

Vgl. S. 20 f.

Schiller schreibt sich, verspätet, in die Traditionslinie des »Sturm und Drang« ein und überbietet ihn zugleich in seinem aufklärungskritischen Anliegen. Dazu bedient er sich neben formaler Eigenarten (wie der affektgeladenen Sprache und des Verzichts auf strenge klassizistische Form) eines seiner prototypischen Motive: desjenigen der feindlichen Brüder (Martini 1972).

Franz Moor: Materialist   Franz, der zweitgeborene Sohn des »regierenden Grafen von Moor« (WB, Bd. 2, S. 13), beklagt die Ungerechtigkeit, die im Zufall der Geburt liegt: »Ich habe große Rechte, über die Natur ungehalten zu sein, und bei meiner Ehre! ich will sie geltend machen. – Warum bin ich nicht der erste aus Mutterleib gekrochen?« (S. 28). Um sich an der scheinbar natürlichen väterlichen Ordnung zu rächen und sich selbst zum Herrscher zu machen, setzt er einen perfiden Plan ins Werk – mit der kalten Berechnung eines amoralischen materialistischen Zweckrationalismus: Er unterschlägt einen Brief seines älteren Bruders Karl an den Vater, in dem jener Reue über sein ausschweifendes Studentenleben bekennt und um Wiederaufnahme in die väterliche Liebe bittet, und ersetzt ihn durch einen gefälschten Bericht darüber, dass Karl zum steckbrieflich gesuchten Räuber geworden sei. Im Gegenzug überlässt es der schwache Vater seinem Sohn Franz, eine Antwort an Karl aufzusetzen. In ihr fingiert Franz eine unwiderrufliche Verstoßung Karls, die den empfindsamen Idealisten tief enttäuscht und ihn dazu veranlasst, das Angebot, Hauptmann einer Räuberbande zu werden, anzunehmen.

Karl Moor: Idealist   In dieser Rolle versucht Karl, die von ihm und den Räubern ausgeübte Gewalt durch die Wohltätigkeit des »guten Herrschers« gegenüber Unterprivilegierten auszugleichen (Brittnacher 1998, S. 335), bis die »unglückliche Liebesgeschichte« eines »flüchtigen edlen Böhmen« die »schlafende Erinnerung der seinigen« weckt (Selbstrezension, WB, Bd. 2, S. 294). Er beschließt, inkognito noch einmal seinen Vater und seine Braut Amalia aufzusuchen.

Sein Bruder Franz hat in der Zwischenzeit den Vater scheinbar getötet, indem er ihm, psychologisch kalkuliert, den Schock der fingierten Todesnachricht Karls versetzt hat; doch der Vater lebt weiter: in einem Turm, in den ihn Franz hat werfen lassen. Er stirbt schließlich, als er seines zum Räuber gewordenen Sohns ansichtig wird, womit die biblische Parabel vom verlorenen Sohn umgekehrt wird (Borchmeyer 1987, S. 169 f.). Franz, von unerträglichen Alpträumen gequält, er-

»R. MOOR

O über mich Narren, der ich wähnete die Welt durch Greuel zu ver-
schönern, und die Gesetze durch Gesetzlosigkeit aufrecht zu halten. Ich nannte es Rache und Recht – Ich maßte mich an, o
Vorsicht die Scharten deines Schwerts auszuwetzen und deine
Parteilichkeiten gut zu machen – aber – O eitle Kinderei – da steh
ich am Rand eines entsetzlichen Lebens, und erfahre nun mit Zäh-
neklappern und Heulen, daß *zwei Menschen wie ich den ganzen
Bau der sittlichen Welt zu Grund richten würden.*« (*Die Räuber*;
WB, Bd. 2, S. 159 f.)

drosselt sich selbst. Amalia, die einsehen muss, dass ihr ge-
liebter Karl zum Räuber geworden ist, wünscht den Tod von
dessen Hand, während Karl, von den Räubern an seine Ver-
pflichtung erinnert, erkennen muss, dass es für ihn kein Zurück gibt. Er tötet Amalia und liefert sich einem Tagelöhner
aus: »Man hat tausend Louisdore geboten, wer den großen
Räuber lebendig liefert – dem Mann kann geholfen werden.«
(WB, Bd. 2, S. 160)

Mit dieser »moralisierenden Überkonstruktion« des Schlusses
(Scherpe 1979, S. 15) wird die alte Ordnung wiederhergestellt,
ohne dass eine Lösung des Problems angeboten würde. In der
polaren Anordnung von radikalem Materialismus und Idealismus formulieren sich Zweifel an der Aufklärungsphilosophie
ebenso wie an der metaphysischen Ordnung der Welt. Neben
der Unmöglichkeit, aus einer ziellosen Rebellion ein politi-
sches Programm zu gewinnen, zeigen sich die »Aporien des
modernen Bewusstseins, das sich im Widerspruch gegen die
feudale Herrschaft zu bilden beginnt« (Hofmann 2003, S. 40).
Vielleicht hat Schiller zeigen wollen, dass Vernunft ohne Moral aus notwendigen Gründen scheitern muss; allerdings verwendet das Drama größere Energie darauf, das Publikum
emotional zu beeinflussen als es moralisch zu bessern – wodurch Schiller zuletzt selbst in die Nähe des amoralischen Materialismus Franz Moors gerät, dessen psychologische Theorie
mit der in Schillers dritter Dissertation ausgeführten überein-
stimmt (Steinhagen 1982). Gegenüber dem Moment der »kal-

**Moralisierender
Schluss**

kulierten Konstruktionen des sezierenden (Seelen-)Anatomen« ist die Glaubwürdigkeit der Charaktere von geringerer Bedeutung (Darsow 2000, S. 28 f.).

Die Verschwörung des Fiesko zu Genua

Vgl. S. 23 Bald nach der Uraufführung der *Räuber* wendet sich Schiller zum ersten Mal der dramatischen Gestaltung eines historischen Stoffes zu: den Ereignissen in Genua zu Beginn des Jahres 1547. Am 27. September 1782 liest er den Mannheimer Schauspielern eine Rohfassung des *Fiesko* vor, die aber noch ohne klare dramaturgische Struktur ist und auch keinen definitiven Schluss hat. Den Forderungen des Mannheimer Intendanten Dalberg nach stärkerer Berücksichtigung bühnenpraktischer Erwägungen folgend, stellt Schiller in der ersten Novemberwoche eine neue Fassung her, die Dalberg aber ebenfalls für unaufführbar erklärt. Schiller verkauft das Manuskript an den Verleger Schwan, bei dem das Stück im April 1783 erscheint; uraufgeführt wird es am 20. Juli 1783 in Bonn. Nachdem sich Dalberg unter der Bedingung einer politischen Entschärfung bereit erklärt hat, das Stück auf die Bühne zu bringen, entsteht im Herbst 1783 die Mannheimer Bühnenfassung.

»Vorrede« Obwohl die »Vorrede« der Buchfassung, wenn auch nicht ganz vollständig, die von Schiller herangezogenen historiographischen Quellenwerke nennt, liegt historische Exaktheit nicht im Interesse des Dramas. Das zeigt besonders der Tod Fieskos.

Fiesko von Lavagna wird von dem »verschwornen Republikaner« Verrina als Haupt der Verschwörung gegen den genuesischen »Dogen« Andreas Doria und dessen Neffen Gianettino, einen »bäurischstolzen« skrupellosen Machtmenschen, der Verrinas Tochter Berta vergewaltigt hat, gewonnen (WB, Bd. 2, S. 319). Am Ende des tumultuarischen Aufstandes, in dessen Verlauf Gianettino von Bertas Bräutigam Bourgognino und Fieskos Ehefrau Leonore versehentlich von Fiesko getötet werden, beansprucht dieser, gegen seine ursprüngliche Entscheidung für die republikanischen Ziele, die Herzogwürde für sich.

Während der historische Fiesco Opfer des blinden Zufalls geworden ist – er ist nach einem Sturz ins Hafenbecken ertrunken –, variiert die Buchfassung das Ende entscheidend: Verrina ertränkt Fiesko, weil er dessen Tyrannei verhindern will, und überantwortet sich dem Dogen Andreas Doria. Die Vorrede dieser Fassung macht deutlich, warum Schiller Fieskos Ende gegenüber der historischen Überlieferung verändert hat: weil die »Natur des Dramas« weder den »Finger des Ohngefährs« noch der »unmittelbaren Vorsehung« dulde (S. 317). Ein Unfalltod ist nicht tragisch.

Fieskos Ende – Varianten

In der Mannheimer Bühnenfassung wird Fiesko dann zum Republikaner und »glücklichsten Bürger« Genuas (S. 555) bekehrt; diese Fassung entbehrt aber nicht nur eines tragischen Schlusses, sondern auch einer überzeugenden Motivation des Handelns ihres Protagonisten.

Dass Schiller ausgerechnet den Schluss offenbar für austauschbar hielt (es entstand noch eine weitere, möglicherweise nicht autorisierte Bühnenfassung, in der Verrina Fiesko erdolcht), zeigt, dass es nicht nur auf historische Wahrheit nicht ankommt, sondern auch weniger auf einen politischen Gehalt (der ja durch die Änderung des Schlusses nicht unverändert bliebe) – obwohl das Drama immer wieder als das »republikanische Trauerspiel« gelesen wird, das es dem Titel der Buchfassung zufolge ist. Das Politische wird vordringlich mit moralischen Maßstäben gemessen, und im Zentrum des Interesses steht die Psychologie Fieskos, der eine kalte Zweckrationalität Machiavellischer Prägung und ein entschieden aristokratisches Machtverständnis an den Tag legt. Darin ähnelt er, der oft mit dem Karl Moor der *Räuber* verglichen wird, aber eher dessen Bruder Franz. Ähnlichkeiten mit Karl Moor zeigt dagegen der republikanische Idealist Verrina, dessen »moralischer Anspruch in schuldhafte Vermessenheit um[schlägt]« (Alt 2000, Bd. 1, S. 348), als er das Schicksal seiner Tochter politisch instrumentalisiert (Janz 1992, S. 77 ff.).

Moral vs. Politik

Mit den *Räubern* teilt der *Fiesko*, in der Buchfassung, auch das Moment der Wiederherstellung der Ordnung durch eine Selbstauslieferung – auch dies verbindet Verrina mit Karl Moor. Und wie die *Räuber* ist der *Fiesko* vor allem ein dramatisches Experiment im Spannungsfeld von Psychologie und Dramaturgie. Primär ist nicht die Aussage, sondern die dramatische Darstellung von »Kräften, die in außergewöhnlichen Individuen angelegt sind« (Koopmann 1998c, S. 358), sowie die Maximierung der psychologischen Wirkung auf den Zuschauer.

Kabale und Liebe

Vgl. S. 22

Die Planung zu *Louise Millerin*, wie der ursprünglich vorgesehene Titel lautet, geht auf die Zeit des zweiwöchigen Arrests im Juli 1782 in Stuttgart zurück; eine erste Fassung entsteht bis Februar 1783. Während bereits *Dom Karlos* Gestalt anzunehmen beginnt, arbeitet Schiller weiter an dem Drama. Es erscheint zur Ostermesse 1784 bei Schwan in Mannheim und wird am 13. April in Frankfurt am Main, zwei Tage später in Mannheim aufgeführt.

Zunächst scheint es in diesem Stück eindeutig um den Gegensatz von (höfischer) »Kabale«, also Intrige, und (bürgerlicher) »Liebe« zu gehen: Ferdinand, der Sohn des »Präsidenten« von Walter, liebt Louise, die Tochter des Musikus Miller, der strikt gegen diese die Standesgrenzen überschreitende Verbindung ist. Der Präsident, dessen Macht bei Hofe auf Verrat und Mord basiert, ist ebenfalls dagegen: Er will seinen Sohn zur Heirat mit Lady Milford, der Mätresse des Fürsten (der seinerseits heiratet), zwingen. Ferdinand schmiedet Fluchtpläne, aber Louise weigert sich, mit ihm zu fliehen. Wurm, der Sekretär des Präsidenten, der sich selbst Hoffnungen auf Louise macht, fädelt eine Intrige ein: Louises Eltern werden verhaftet, und Louise selbst wird gezwungen, dem Hofmarschall von Kalb einen Liebesbrief zu schreiben, der dann Ferdinand in die Hände gespielt wird. Rasend vor Eifersucht vergiftet Ferdinand Louise, die sich an ihr Schweigegelübde Wurm gegenüber gebunden fühlt und erst im Sterben die Vorgänge aufdeckt. Anschließend tötet Ferdinand sich selbst, ebenfalls mit vergifteter Limonade. Sterbend vergibt er seinem Vater. Der trotz seines präzisen, an Franz Moor aus den *Räubern* erinnernden Kalküls gescheiterte Wurm beschließt, die Intrige aufzudecken, mit der von Walter es zum Präsidenten gebracht

Werk

hat; der fügt sich, während der Vorhang fällt, in sein erwartbares Todesurteil.

Bereits der Untertitel »bürgerliches Trauerspiel« verweist auf ein erfolgreiches dramatisches Genre, das Lessing mit *Miß Sara Sampson* (1755) in Deutschland etabliert hatte, und besonders zu dessen *Emilia Galotti* (1772) weist *Kabale und Liebe* eine Reihe von signifikanten Parallelen auf. Auf den genretypischen strikten Gegensatz zwischen bürgerlichen Moralvorstellungen und adliger Selbstherrlichkeit deutet vor allem die Kammerdiener-Szene (II,2), die in den meisten zeitgenössischen Aufführungen gestrichen wurde und in der Lady Milford eine Abfindung in Form von Juwelen zurückweist, die mit beim Verkauf von Soldaten erlösten Geld bezahlt sind. Hier wird scharfe Kritik an der Praxis geübt, Untertanen an andere Länder zu verkaufen, um den Hofetat zu sanieren: an England für den Einsatz in Amerika, aber auch – im Siebenjährigen Krieg – an Frankreich.

»Bürgerliches Trauerspiel«

Illustration von Daniel Chodowiecki zu »Kabale und Liebe«, 1785

Willst du dein Maul halten? wilst das Violoncello am Hirnkasten wissen?
Kabale und Liebe.
1. Aufz. 2. Auftr.
D. Chodowiecki inv. et sc.

Ständeübergrei- Im Blick auf die Psychologie der Figuren sind die Verhältnisse
fende Konflikte komplizierter als in anderen bürgerlichen Trauerspielen – weil
die Konfliktlinien nicht parallel zu den Standesgrenzen ver-
laufen: So ist Präsident von Walter weniger ein prototypischer
Adliger als vielmehr jemand, der die Macht hat, private Ra-
chegelüste umzusetzen (Koopmann 1998a, S. 373). Andererseits ist er nicht frei von Schuldgefühlen hinsichtlich seiner
eigenen Karriere; sie folgen einer bürgerlichen Moral und er-
zeugen sein Bedürfnis nach Vergebung durch den Sohn (Alt
2000, Bd. 1, S. 366). Ferdinand hingegen ist ein empfindsa-
mer ›Stürmer und Dränger‹, folgt also einer bürgerlichen Rol-
lenvorstellung; diese aber wird vom Drama radikal kritisiert:
weil er nicht in der Lage ist, die nicht einmal besonders subtile
Intrige zu durchschauen. Damit beweist er »nicht die Unbe-
dingtheit seiner Liebe, sondern die seines Besitzanspruchs«
(Janz 1976, S. 216). Louises Vater schließlich handelt, fern von
jeder antifeudalen Auflehnung, im Sinne der bürgerlichen
Verfügungsgewalt der Väter über Töchter, die ökonomisch
begründet ist und schon Lessings Odoardo Galotti prägt.
Louise selbst überhöht ihre Unterwerfung unter die väterliche
Gewalt ins Religiöse, indem sie von einem Jenseits träumt,
in dem der diesseitige Verzicht auf Liebeserfüllung belohnt
wird.

Gegenüber dieser komplexen Anordnung einer Psychopatho-
logie der bürgerlichen Gesellschaft, die sich gerade erst konsti-
tuiert, bleiben die übrigen Figuren, besonders Wurm und von
Kalb, aber auch Louises Mutter und Lady Milford im Schatten des Klischees. Während die symmetrische Tektonik des
Stückes fast klassizistisch anmutet, ist die Sprache des Textes,
besonders im Falle Ferdinands, in Bildhaftigkeit und Diktion
noch stark von genieästhetischen Zügen geprägt – und von
Schillers medizinisch-psychologischen Interessen.

Verbrecher aus Infamie

Bei einem Besuch in Mannheim am 13. November 1783 berichtet Schillers Lehrer Abel vom Fall des »Sonnenwirts«, des
Räubers Friedrich Schwan, den Abels Vater hatte verhaften
können. Die Erzählung, die Schiller daraus machte, erschien

im Februar 1786 im zweiten Heft seiner Zeitschrift *Thalia*
(für die *Kleineren prosaischen Schriften,* die im August 1792
bei Crusius erschienen, übersetzt Schiller den Titel in *Der Verbrecher aus verlorener Ehre*).

Gegenüber den Fakten nimmt Schiller eine entscheidende **Fakten und**
Änderung vor, die mit dem Gesamtinteresse der Erzählung **Fiktion**
zusammenstimmt: Während Schwan der Sohn eines begüter-
ten Gastwirts war und in einem intakten Elternhaus christlich
erzogen worden ist, lässt Schiller seinen Protagonisten mit
dem sprechenden Namen Christian Wolf in ärmlichen Verhältnissen und ohne Vater aufwachsen – ein Hinweis auf die
soziopsychologische Dimension der Erzählung.

Bereits der theoretische Vorspann des Textes macht deutlich,
dass es sich nicht wirklich um eine Kriminalerzählung handelt: »An seinen [d. i. des ›Helden‹] Gedanken liegt uns un-
endlich mehr, als an seinen Taten, und noch weit mehr an den
Quellen dieser Gedanken, als an den Folgen jener Taten.«
(WB, Bd. 7, S. 564)

Wolf ist von Kindheit an zurückgesetzt: Er ist hässlich, hat keine Chancen bei Frauen; er wird zum Wilddieb, um sich so
eine arme Geliebte zu erkaufen. Ein Nebenbuhler verrät ihn
an die Justiz; er kommt zunächst noch frei, wird Schweine-
hirt, weil ihm keine andere Tätigkeit angeboten wird. Nach
seiner dritten Festnahme wird er zu einer Haft verurteilt, aus
der er als Ausgestoßener zurückkehrt. Er tötet seinen alten Ri-
valen und schließt sich einer Räuberbande an. Ein Gnadenge-
such wird abgelehnt; schließlich stellt er sich einem Oberamt-
mann, dem er als einzigem »Vertrauen und Achtung« (S. 587)
entgegenbringen kann.

Bei aller aufklärerischen »normativen Sittlichkeit im Hintergrund der Erzählung« (Koopmann 1998b, S. 703) bestim-
mend ist doch der Eindruck, hier laufe mit unerbittlicher, geradezu mechanistischer Zwangsläufigkeit ein Geschehen im
Spannungsfeld individueller Trieberfüllung und gesellschaftlicher Unerbittlichkeit ab (Alt 2000, Bd. 1, S. 517 ff.). Der Psy-
chologe Schiller betätigt sich weniger auf dem Feld der Krimi-
nalgeschichte als vielmehr auf dem der gesellschaftskritischen
Fallstudie.

Dom Karlos. Infant von Spanien

Vgl. S. 26 und 28 Mit der Arbeit am *Dom Karlos*, der eine lange und komplizierte Entstehungsgeschichte hat, ist Schiller von Herbst 1782 an beschäftigt. Im Sommer 1784 beschließt er, das Drama nicht in Prosa, sondern in Versen auszuführen. Parallel zum Entstehungsprozess erscheinen die ersten beiden Akte und Teile des dritten 1785-87 in der *Rheinischen Thalia*; die erste Buchfassung, im Umfang von 6282 Versen, erscheint Ende Juni 1787 bei Göschen in Leipzig; in Hamburg wird am 29. August 1787 eine 3943 Verse umfassende Bühnenfassung mit großem Erfolg uraufgeführt. Die Ausgabe von 1805 präsentiert postum schließlich einen ebenfalls stark gekürzten Text von 5370 Versen.

Quellenlage Erneut bearbeitet Schiller einen historischen Stoff und treibt umfangreiches Quellenstudium. Ausgangspunkt ist die historische Novelle *Histoire de Dom Carlos* (1672) des Abbé de Saint-Réal, auf die Schiller vom Mannheimer Intendanten Dalberg hingewiesen worden ist, wobei die dort dargestellte Liebe zwischen dem spanischen Thronfolger Carlos und seiner jungen Stiefmutter von den historiographischen Quellen nicht belegt ist (Reinhardt 1998a, S. 380). Dennoch hält Schiller an ihr als dramaturgischem Zentrum seines Textes ebenso fest wie an der idealisierenden Zeichnung der Figur des Karlos.

Prinzessin Eboli setzt, einerseits aus enttäuschter Liebe zu Karlos, andererseits aus Furcht vor Entdeckung ihres Liebesverhältnisses mit dem König, eine Intrige ins Spiel, die den König gegen seinen Sohn aufzubringen sucht; Marquis Posa hingegen benutzt seine Freundschaft mit Karlos zu einem politischen Komplott gegen den König, das der Befreiung der Niederlande von der spanischen Herrschaft dienen soll. Wie schon in *Kabale und Liebe* dient auch hier das empfindsame Medium der Schrift (in Form entwendeter oder fingierter Briefe) dazu, die anderen zu täuschen. In der Figur des Thronfolgers Karlos und des Königs Philipp kollidieren wiederum aufrichtige, empfindsame und kalkulierte, dem Machterhalt dienende höfische Kommunikation.

Zentral ist die berühmte Szene III,10, in der der König, der darin eigentlich getreu den Prinzipien politischer Klugheitslehren handelt, ausgerechnet Posa als Spitzel einsetzt. Der wiederum konfrontiert Philipp mit deutlich von Rousseau und Montesquieu inspirierter aufklärerischer Kritik an höfischer Verstellung und entwirft dabei das Programm eines auf Toleranz gegründeten Verfassungsstaates, das in der viel zitierten Formel gipfelt: »Geben Sie / Gedankenfreiheit –« (WB, Bd. 3, V. 3861 f.).

> »MARQUIS
> [...] Stellen Sie der Menschheit verlornen Adel wieder her. Der Bürger sei wiederum, was er zuvor gewesen, der Krone Zweck – ihn binde keine Pflicht, als seiner Brüder gleich ehrwürd'ge Rechte.«
>
> (*Dom Karlos*, V. 3888 ff.)

Indem Posa seine Rolle als Vertrauter des Königs ausnutzt, verrät er aber seine hehren politischen Ziele; indem er zu deren Erreichung dieselben Mittel einsetzt, die er bei seinen politischen Gegnern anprangert, erweist er sich, wie Fiesko, als durch Macht korrumpiert. Dieser »Despotismus im Dienste der Freiheit« lässt sich zudem deuten als Resultat der »bürgerlich-aufklärerischen Konditionierung der Gefühle« Liebe und Freundschaft, die einem abstrakten Ideal unterworfen werden (Hofmann 2003, S. 70 f.).

Posa: Idealismus und Korruption

Um seinen anscheinend unberechenbaren Freund Karlos unter Kontrolle zu haben, lässt Posa ihn verhaften – ohne ihn jedoch in seine Pläne einzuweihen. Nicht zuletzt deswegen offenbart sich der verzweifelte Karlos erneut der Prinzessin Eboli. Posa bezichtigt sich dann in einem fingierten Brief des Hochverrats, um Karlos freizubekommen. Posa wird erschossen und Karlos, bevor er mit Wissen der Königin in die Niederlande fliehen kann, der Inquisition übergeben.

Darin, dass am Ende dieses Dramas die alte Ordnung aktiv die Kontrolle zurückgewinnt (und nicht wie zuvor durch die Selbstauslieferung der Aufrührer wiederhergestellt wird), erweist sich der eminent politische Gehalt des *Dom Karlos*. Die Figur des Marquis Posa zeigt die Gefährdung eines Idealismus, der mit politischem Zweckrationalismus gepaart ist: Machtmittel werden zum Selbstzweck, »politische Aktivität [...] bewirkt die Transformation der Idee in das immer gleiche Gesetz der Macht« (Alt 2000, Bd. 1, S. 464).

Der Geisterseher. Aus den Papieren des Grafen von O.

Vgl. S. 28 Ab Mai 1786 plant Schiller den Roman als Beitrag zur *Thalia*; sein erster Teil erschien im Januar 1787 im vierten Heft von Schillers Zeitschrift. Obwohl ihm ein großer Erfolg beim Publikum beschieden war, führte Schiller die Arbeit zunächst nicht weiter. Ab März 1788 arbeitete er dann am zweiten Teil, der im Mai im fünften Heft der *Thalia* erschien. Die weiteren Teile folgten in den nächsten drei Heften im März, Mai und Oktober 1789. Anfang November 1789 erschien der fragmentarische Text bei Göschen als Buch; 1792 und 1798 veröffentlichte Schiller eine zweite und dritte, jeweils veränderte Buchfassung. Obwohl Schiller noch mehrfach erwog, den Text abzuschließen, blieb er unvollendet, was andere Autoren zu Fortsetzungen anregte.

Titel-Kupfer der ersten Buchausgabe des »Geistersehers«

Das Romanfragment wirkt wie aus einer Vielzahl von modischen Versatzstücken zusammengefügt: Ein deutscher Duodezprinz gerät im venezianischen Karneval an einen geheim-

Werk

nisvollen Armenier, hinter dem der Abenteurer und angebliche Hochverräter Giuseppe Balsamo, der sich Graf von Cagliostro nannte, erkennbar ist; er nimmt an einer spiritistischen Sitzung teil und gerät in die Fänge der (mit Zügen von Freimaurerei und Illuminatismus ausgestatteten) katholischen Geheimgesellschaft »Bucentauro«, die ihn dazu zwingt zu konvertieren – ein politisch brisantes Handlungsmoment, das sich zudem auf einen Neffen Carl Eugens von Württemberg und Gerüchte über dessen Übertritt zum Katholizismus beziehen ließ. Hinzu kommt eine Liebesgeschichte mit einer geheimnisvollen angeblichen Griechin.

Vgl. S. 30

Ganz anders als später etwa bei E. T. A. Hoffmann legt Schillers Erzählung großes Gewicht auf ausführliche physikalisch-technische Erklärungen des nur scheinbar Okkulten. Das »Experiment mit dem Phantastischen« bleibt hier »eingebunden in eine stabile Ordnung der Vernunft« (Alt 2000, Bd. 1, S. 579). Die komplexe Erzählstruktur, die Verschachtelung undurchschaubarer Intrigen, führt dazu, dass am vorzeitigen Ende die »Frage nach Aufklärung und Betrug nicht nur unentschieden, sondern unentscheidbar« ist (Mayer 1996, S. 236). Der Text ist vor allem eine psychologische Studie; das Hauptinteresse Schillers gilt dem Innenleben seiner Figuren.

Historische Schriften

»Die Geschichte ist überhaupt nur ein Magazin für meine Phantasie, und die Gegenstände müssen sich gefallen laßen, was sie unter meinen Händen werden«, schreibt Schiller am 10. Dezember 1788 an Caroline von Beulwitz (WB, Bd. 11, S. 350). Für einen Historiker, der kurz davor ist, zum Professor für Geschichte berufen zu werden, ist das eine merkwürdige Aussage, und der Verdacht liegt nahe, dass die »innre Wahrheit« eines literarischen Textes in Schillers Augen, nicht nur wie er im selben Brief schreibt, »eben soviel Werth hat als die historische« (S. 349 f.), sondern einen noch höheren. Eine »innre Wahrheit« hat die Geschichte auch für den Historiker Schiller (bevor sich der Ästhetiker Schiller von der konkreten Geschichtlichkeit, resigniert, abwendet): die notwendig sich vollziehende Vervollkommnung der Gattung (Frick 1995).

Innere vs. historische Wahrheit

»Abfall der vereinigten Niederlande«

Die Entstehungsgeschichte von Schillers erster größeren historischen Arbeit, der *Geschichte des Abfalls der vereinigten Niederlande von der Spanischen Regierung*, geht auf die Beschäftigung mit dem *Dom Karlos* zurück. Zunächst hatte er geplant, sie als eigenen Beitrag zu einer von ihm herausgegebenen, von verschiedenen Autoren verfassten *Geschichte der merkwürdigsten Rebellionen und Verschwörungen* zu veröffentlichen; aber die Fülle des Stoffs und strategische Erwägungen brachten ihn dazu, sie als umfangreicheres Einzelwerk zu konzipieren. Der erste (und einzige) Teil erschien 1788 bei Crusius in Leipzig.

Mit der Darstellung des Zeitraums vom Beginn der Inquisition (1522) bis zum 1567 erfolgten »Abzug der Herzogin von Parma aus den Niederlanden« ist eigentlich erst die Vorgeschichte der »eigentlichen Revolution« (WB, Bd. 6, S. 37) dargestellt – wobei Schiller unter Revolution, vor der Französischen Revolution, ganz traditionell die »Wiederherstellung eines alten Rechtszustandes« versteht (Borchmeyer 1995, S. 151). Deutlich aber wird, dass die Interessen des Historikers

Poetischer Reiz der Historie

Schiller von seinen poetischen Prinzipien bestimmt sind: Entscheidend ist das Moment des Erweckens von Interesse für den Gegenstand, das nicht aus der historischen Relevanz des Dargestellten, sondern aus dem poetischen Reiz der Darstellung resultieren soll. Schiller will auch zeigen, »daß eine Geschichte historisch treu geschrieben sein kann, ohne darum eine Geduldprobe für den Leser zu sein« (S. 39).

Am historischen Stoff interessiert Schiller vor allem der Kampf gegen oktroyierte Herrschaft, den er auf – am Vorabend der Französischen Revolution – brisante Weise deutet: als »Begebenheit, wo die bedrängte Menschheit um ihre edelsten Rechte ringt«, mit dem Ziel, dass den Despoten ihre »berechnetsten Pläne an der menschlichen Freiheit zu Schanden werden« (S. 41). Bereits hier zeigt sich die Auffassung, dass »der Stoff der Universalgeschichte die Geschichte der Menschheit als Gattung sei« (Muhlack 1995, S. 10). Hinzu treten eine für Schillers historische Studien typische Religionskritik, wenn er dem Katholizismus vorhält, er bediene sich der Hoffnungen und Ängste der Menschen, um aus »Millionen

selbstständiger Wesen [...] ein einförmiges Abstrakt« zu for- **Psycho-**
men (S. 95), sowie schließlich das ausgeprägte psychologische **logie**
Interesse, das ihn auch als Dramenautor charakterisiert und
das Philipp II. fast das plastische Gepräge einer Dramenfigur
verleiht (Eder 1998, S. 665 ff.).
Philipp II. verkörpert Tyrannei und Egoismus, während sein
Antipode Wilhelm von Oranien geradezu als säkularisierter
Christus und Stellvertreter der Menschheit erscheint. Die
Charakterporträts der Protagonisten haben die Aufgabe, das
historische Geschehen als Handeln großer Individuen psychologisch zu erklären – was mit zunehmender Komplexität der
historischen Erzählung immer weniger gelingt (Osterkamp
1995).

Seine Jenaer Antrittsvorlesung hielt Schiller am 26. und 27.
Mai 1789; sie erschien unter dem Titel *Was heißt und zu welchem Ende studiert man Universalgeschichte?* im November
1789 in Wielands *Teutschem Merkur* und zugleich als Separat-
druck der Akademischen Buchhandlung in Jena.
Zunächst führt Schiller die Unterscheidung zwischen dem
»Brotgelehrten«, dessen Arbeit auf fachliche Anerkennung
ebenso bedacht ist wie auf die dogmatische Selbsterhaltung
seines Systems, und dem »philosophischen Kopf« (ein Begriff
Kants), dem es auf die »Vollendung seines Wissens« und die
Ordnung seiner Begriffe »zu einem harmonischen Ganzen«
ankomme, ein (WB, Bd. 6, S. 414 f.). Schiller spricht sich
strikt gegen eine am praktischen Nutzen orientierte Forschung und für eine Autonomie der Wissenschaften, die auf
Wilhelm von Humboldts Wissenschafts- und Universitätside-
al vorausdeutet, aus.
Im zweiten Teil wendet er sich seinem eigentlichen Thema, **Universal-**
der »Universalgeschichte«, zu. Dass Schiller sich selbst in **geschichte**
einem »Zeitalter der Vernunft« fühlen kann, liegt vor allem
daran, dass in Europa (noch) Frieden herrscht, den Schiller
aber – ganz modern – als von einem »ewig geharnischten
Krieg« gehütet begreift (S. 420). Sein Bild der Geschichtsschreibung trägt Signaturen des aufklärerischen wie des auf-
klärungsskeptischen Denkens. Das technische Hauptpro-

blem der Historiographie ist die Zufälligkeit der Quellenlage: Viele Ereignisse sind nie dokumentiert worden, vieles Aufgezeichnete ist verloren gegangen, durch mündliche Weitergabe oder in politischem Interesse verfälscht. So ist zwar jeder geschichtliche Augenblick »Resultat vielleicht *aller* vorhergegangenen Weltbegebenheiten« (S. 422) und damit Ende einer Verknüpfung von Kausalketten – aber das heißt nicht, dass der Historiker alle Glieder dieser Ketten auch durch Quellen belegen kann. Die Geschichte bliebe ein »Aggregat von Bruchstücken«, träte nicht der »philosophische Verstand« auf den Plan, der nicht nur »diese Bruchstücke durch künstliche Bindungsglieder verkettet« (vor allem durch Analogieschlüsse), sondern auch das Aggregat »zum System, zu einem vernunftmäßig zusammenhängenden Ganzen« macht. Geradezu konstruktivistisch ist Schillers These, der Historiker *deute* die Ursachen und Wirkungen als Mittel und Absichten von Handelnden, wodurch er eine gedankliche »Harmonie«, ein »teleologisches Prinzip«, aus sich heraus in die »Ordnung der Dinge« *projiziere* (S. 427 f.). Ganz aufklärerisch hingegen ist der entscheidende Gedanke, dass die Selbstentwicklung der menschlichen Vernunft, im »großen Naturplan« so vorgesehen sei, dass »die stille Hand der Natur schon seit dem Anfang der Welt die Kräfte des Menschen planvoll entwickelt« habe (S. 430).

Geschichte als Konstrukt

Schillers Konzeption, die sich als Konkretisierung der Geschichtskonzeption Kants verstehen lässt, ist insofern typisch (spät-)aufklärerisch, als sie eine nicht abgeschlossene, aber auf lange Sicht notwendigerweise zur Freiheit führende Selbstvervollkommnung des Menschen als Gattungswesen voraussetzt. Der Optimismus, der dieser Haltung zugrunde liegt, sollte aber die Ereignisse der Französischen Revolution nicht unbeschadet überstehen.

Um Weihnachten 1789 tritt der Verleger Georg Joachim Göschen an Schiller mit der Bitte um einen Beitrag über den Dreißigjährigen Krieg für seinen *Historischen Calender für Damen* heran. Der Zeitschriftenaufsatz wächst sich im Verlauf der Arbeit (mit der Schiller Anfang 1790 beginnt) zu der

Titelblatt und
Titel-Kupfer des
»Historischen
Calenders für
Damen für das
Jahr 1792«

umfangreichen historischen Studie *Geschichte des Dreißigjährigen Kriegs* aus. Deren erster Teil (die ersten beiden Bücher) erscheint im Oktober 1790 als Kalender für das Jahr 1791; die drei weiteren Bücher folgen in zwei Teilen in den beiden Folgejahren.

Der Dreißigjährige Krieg interessiert Schiller zunächst vor allem als Vorgeschichte des Westfälischen Friedens, in dem sich das »geheime weltbürgerliche Telos« dieses Krieges offenbart (Pestalozzi 1995, S. 180). Gezeigt werden soll die Entstehung eines dauernden Friedens in Europa – gerade aus den Schrecken des Krieges –, und »diese Teilnehmung der Staaten an einander, welche sich in diesem Krieg eigentlich erst bildete, wäre allein schon Gewinn genug, den Weltbürger mit seinen Schrecken zu versöhnen« (WB, Bd. 7, S. 12).

Schiller greift zunächst historisch weit aus und geht zurück zur Reformation, die er als »Glaubensverbesserung« und Ursprung aller »Weltbegebenheiten« bis zum »Münsterischen Frieden« charakterisiert (S. 11). Triebkraft der geschichtlichen Entwicklung und des Fortschritts zur Freiheit in den europäischen Staaten ist der Antagonismus von Protestantismus und Katholizismus. Für diesen steht Kaiser Ferdinand II., dessen

»Herrschsucht« den Krieg auslöst (S. 412), der aber auf einer höheren Abstraktionsebene genau darin seine positive Funktion hat.

Als im konkreten Handeln positiver Held tritt der schwedische König Gustav Adolf auf; ihn zeichnet Schiller als »wahre Lichtgestalt« (Eder 1998, S. 677), jedoch auch nicht ohne Schattenseiten. Die Figur des Albrecht von Wallenstein beurteilt Schiller höchst ambivalent: »durch Ehrgeiz emporgehoben, durch Ehrsucht gestürzt, bei allen seinen Mängeln noch groß und bewundernswert, unübertrefflich, wenn er Maß gehalten hätte« (S. 380). Während Schiller die *Geschichte des Dreißigjährigen Kriegs* auf der Ebene der geschilderten Ereignisse vor allem in der Konfrontation dieser beiden Widersacher darstellt, verschiebt sich der Schwerpunkt zunehmend vom Historiographischen ins Psychologische. Später wird die Psychologie Wallensteins im Spannungsfeld historischer Wirkkräfte im Zentrum des nach ihm benannten Dramas stehen.

(Marginalie: Wallenstein)

Schriften zur Ästhetik

Schillers ästhetische Schriften behandeln zentrale Probleme der Ästhetik um 1800: das Verhältnis der Autonomie der Kunst zu der des Subjekts, psychologische Aspekte der Rezeption von Kunst, mögliche oder notwendige Konsequenzen aus dem Verlust des aufklärerischen Optimismus – angesichts der Schrecken der Französischen Revolution.

(Marginalie: Theater als moralische Anstalt)

Schillers erster im engeren Sinne kunsttheoretischer Text ist die Rede *Vom Wirken der Schaubühne auf das Volk*, die er am 26. Juni 1784 vor der ›Deutschen Gesellschaft‹ in Mannheim gehalten hat. Sie erschien 1785 unter dem Titel *Was kann eine gute stehende Schaubühne eigentlich wirken?* in der *Rheinischen Thalia* und als *Die Schaubühne als eine moralische Anstalt betrachtet* 1802 in den *Kleineren prosaischen Schriften*. Auf Schillers medizinisch-psychologische Ausbildung deutet die Vorstellung, das Drama biete einen »unfehlbaren Schlüssel zu den geheimsten Zugängen der menschlichen Seele« und decke das »geheime Räderwerk« der Handlungsmotivationen auf (WB, Bd. 8, S. 194, S. 196). Und während die These, das

Theater fungiere als »schrecklicher Richterstuhl« für moralische Verfehlungen (S. 190), auf die Aufklärung zurückver-
weist, deutet ein Gedanke auf die Briefe *Über die ästhetische
Erziehung* voraus: die Überwindung der Entfremdung für den
Einzelnen (während der Rezeption des Dramas), aber auch
für die Menschheit (am Ziel der geschichtlichen Entwicklung).

Schillers weitere Überlegungen zur Tragödientheorie formulieren die Aufsätze, die 1792/93 in der *Neuen Thalia* erschienen: *Über den Grund des Vergnügens an tragischen Gegenständen*, *Über die tragische Kunst* und *Vom Erhabenen* (dessen
zweiter Teil 1801 als *Über das Pathetische* in die *Kleineren prosaischen Schriften* aufgenommen wurde) sowie schließlich der
Text *Über das Erhabene*, der wohl nur wenig später entstand,
aber erst 1801 veröffentlicht wurde. Sie kreisen um das Problem der Darstellung von Leiden auf der Bühne, um das »Vergnügen«, das der Zuschauer dabei empfindet, und die Frage,
wie diese Momente für eine spezifische moralische Leistung
der Tragödie genutzt werden können.

Ausgangspunkt der Schrift *Über den Grund des Vergnügens an
tragischen Gegenständen* ist die psychologische Beobachtung,
dass eine Tragödie, die zur bloßen Illustration moralischer
Lehrsätze genutzt wird, beim Zuschauer kein sinnliches Vergnügen erregt: weil sie seine Freiheit einschränkt. Eine typische Form des ›freien‹ Vergnügens – das Wohlgefallen an
Zweckmäßigkeit – könne aber nicht das Ziel der Tragödie
sein, denn hier errege die *Zweckwidrigkeit* des menschlichen
Leidens Schmerz. Die Kategorie des Schönen ist also für eine
Ästhetik der Tragödie untauglich: weil diese durch Leid Un-
lust erregt und kein ›interesseloses Wohlgefallen‹ an einer inneren Zweckmäßigkeit ohne äußeren Zweck (Kant). Um
Leid, Vergnügen und Moral miteinander zu vermitteln, ent-
lehnt Schiller den Begriff des Erhabenen aus Kants *Kritik der
Urteilskraft* (1790), akzentuiert ihn aber deutlich anders. Er-
haben ist ein Gegenstand, wenn er von den Sinnen nicht er-
fasst, sondern nur noch »geistig«, also von der Vernunft in den
Griff zu bekommen ist. Tragische Darstellungen, wie die »Na-

**Tragik und
Erhabenes**

turzweckmäßigkeit« dem höheren moralischen Zweck »aufge-
opfert wird« (wie also ein Mensch um des »Sittengesetzes« willen leidet), erregen im Zuschauer Schmerz und »ergötzen« ihn
zugleich (WB, Bd. 8, S. 241).

Wie der Text *Vom Erhabenen* genauer ausführt, soll die Tragödie darstellen, dass der Mensch auch von überwältigenden
physischen Bedrohungen vernünftig, und das heißt hier: moralisch, unabhängig ist. Nicht Unempfindlichkeit, sondern
»moralischer Widerstand gegen das Leiden« macht den Helden der Tragödie aus (WB, Bd. 8, S. 426).

Der Text *Über das Erhabene* formuliert dann einen nicht un-
problematischen Schluss. Wenn es einem Menschen nicht ge-
linge, sich vor den »Naturkräften« zu schützen, bleibe ihm nur
übrig, »eine Gewalt, die er der Tat nach erleiden muß, *dem
Begriff nach zu vernichten«*, und das heißt nichts anderes, als
sich ihr aus moralischen Gründen »freiwillig [zu] unterwerfen« (WB, Bd. 8, S. 823). Dem Zuschauer der Tragödie soll
die Unausweichlichkeit gewisser Zwänge als Anlass zum
(bloß) moralischen Widerstand vorgestellt werden. Während
die Theorie damit zum »Verzicht auf eine direkte Auseinandersetzung mit den gesellschaftlichen Herausforderungen der
Gegenwart« rät (Alt 2000, Bd. 2, S. 97), wenden sich die Dramen ab dem *Wallenstein* doch wieder den Widersprüchen der
Realität zu.

Das Schöne
Neben die Kategorie des Erhabenen tritt die ästhetische Kategorie schlechthin: das Schöne. Erst beide zusammen machen
Schillers anthropologisch fundierte Ästhetik aus; sie stehen
mit der um 1800 allgemein konstatierten Zerrissenheit des
Menschen in enger Verbindung: Erhabenheit als ihre Wider-
spiegelung, Schönheit als Versuch oder Ziel einer Versöhnung.
Im Scheitern ihrer (begrifflichen) Vermittlung schlägt aber
die Zerrissenheit durch. Die »utopische Anthropologie des
Schönen«, die in der Rezeption der ›Deutschen Klassik‹ oft
verabsolutiert worden ist, wird »von einer dualistischen Anthropologie des Erhabenen überlagert und dementiert« (Zelle
1995, S. 151 ff.).

Um das Problem der Vermittlung von Schönheit und Freiheit,

von Sinnlichkeit und Sittlichkeit, von Natur und Vernunft, das Schiller in den 1790er Jahren im Anschluss an seine Lektüre von Kants *Kritik der Urteilskraft* und *Kritik der praktischen Vernunft* (1788) beschäftigt, kreist auch der Aufsatz *Über Anmut und Würde* (im Juni 1793 in der *Neuen Thalia* erschienen).

Gegen Kant wendet sich bereits die Grundthese, die schon in den so genannten »*Kallias*-Briefen« (Januar/Februar 1793) an Körner formuliert ist: »Der Grund der Schönheit ist überall Freiheit in der Erscheinung.« (WB, Bd. 8, S. 300) Sie wird nun zur objektiven Bestimmung des Kunstschönen systematisch ausgefaltet.

Das Konzept der Anmut (oder Grazie) verschiebt die angestrebte Synthese von Ethik und Ästhetik vom Kunstschönen auf den schönen (weiblichen) Körper: »Grazie ist immer nur die Schönheit der *durch Freiheit bewegten Gestalt*« (WB, Bd. 8, S. 345). Anmut ist damit eine Eigenschaft der vernunftgesteuerten Bewegung eines Menschen (weswegen Tiere nicht anmutig sein können) und versinn(bild)licht dessen Willen zur Freiheit. Die »schöne Seele« wiederum verkörpert das Ideal der Synthese von Natur und Vernunft, weil sie, ganz gegen Kant, von Natur aus zur Pflicht neigt.

Anmut

Der Anmut als Konzept der Schönheit (die doch eine verkappte Sittlichkeit ist) tritt nun als explizit sittliches Konzept die Würde gegenüber. »So wie die Anmut der Ausdruck einer schönen Seele ist, so ist *Würde* der Ausdruck einer erhabenen Gesinnung.« (S. 373) Die im Text angelegte Projektion des Geschlechterdualismus weiblich/männlich auf die Pole Anmut/Würde, schön/erhaben und Natur/Geist verfestigt sich in der Rezeption des Textes im 19. Jahrhundert. Damit ist *Über Anmut und Würde* der »Urtext des ›klassischen‹ *ordre sexuel*« (Riedel 1996, S. 178).

Schillers umfangreichste ästhetische Schrift, *Über die ästhetische Erziehung des Menschen in einer Reihe von Briefen*, entstand aus zwischen Februar und Dezember 1793 geschriebenen Briefen Schillers an den Herzog von Schleswig-Holstein-Sonderburg-Augustenburg, der ihm im Dezember 1791

Ästhetische Erziehung

auf drei Jahre eine Pension ausgesetzt hatte; sie erschien 1795 in drei Teilen in den *Horen*, 1801 mit geringfügigen Änderungen im dritten Band der *Kleineren prosaischen Schriften*.

Im Versuch, Schönheit transzendental, also im Blick auf die Erkenntnismöglichkeiten des Menschen, zu begründen, verbindet Schiller die Frage der ästhetischen Wahrnehmung mit einer Diagnose seiner Gegenwart als Zeit einer umfassenden Zweckrationalität, die den Einzelnen »zu einem Abdruck seines Geschäfts, seiner Wissenschaft« stempelt (WB, Bd. 8, S. 573): »Der *Nutzen* ist das große Idol der Zeit, dem alle Kräfte fronen und alle Talente huldigen sollen.« (S. 559) Dem steht, ganz im Sinne des Weimarer Klassizismus, eine durch umfassende Harmonie charakterisierte, idealisierte griechische Antike gegenüber.

Schillers Konzept der ästhetischen Erziehung reagiert auf den Verlust des aufklärerischen Fortschrittsoptimismus in Folge der verstörenden Erfahrungen der Moderne mit einer »Strategie *innerer* Bildung« (Zelle 1995, S. 151). Dabei propagiert das Kunstwerk (dessen Autonomie vorausgesetzt wird) nicht, wie im Diskurs der Aufklärung, ihm fremde, etwa moralische Inhalte; vielmehr ist es Modell des Ziels der Erziehung.

Zwei widerstreitende Triebe – der »Sachtrieb«, der auf Vorschlag Körners ab dem Zweitdruck »Stofftrieb« heißt (WB, Bd. 8, S. 1397), und der »Formtrieb« –, die von der sinnlichen bzw. der vernünftigen Natur des Menschen ausgehen, bestimmen den Menschen (S. 597 f.); ihre Versöhnung ist Aufgabe des »Spieltriebs«: Er hebt das Moment der Nötigung auf und setzt »den Menschen, sowohl physisch als moralisch, in Freiheit« (S. 608), womit er ihn zu sich selbst bringt: »der Mensch spielt nur, wo er in voller Bedeutung des Worts Mensch ist, und *er ist nur da ganz Mensch, wo er spielt*«, lautet die berühmte Formel (S. 614).

›Aufgeweckt‹ aber wird der Spieltrieb vom Kunstwerk, angesichts dessen der Mensch eine »vollständige Anschauung seiner Menschheit« erhält. Das Kunstwerk ist somit »Symbol seiner *ausgeführten Bestimmung*« (S. 607); in ihm kommt also aktuell zur Anschauung, was Ziel eines geschichtsphilosophischen Prozesses (der Erziehung) ist: die Wiedergewinnung eines ursprünglichen menschlichen Idealzustands.

Utopisches Ziel der geschichtlichen Entwicklung ist der »ästhetische Staat«, in dem jeder ein »freier Bürger« ist und »mit dem edelsten gleiche Rechte hat« (S. 676); er hat seinen Vorschein im »Reich der Schönheit, das sich wie ein schattenhaftes Paradies schon in der Gegenwart etabliert« (Eagleton 1994, S. 116). Verwirklicht werden kann er nur, wenn Vernunft *und* Natur im Spiel vermittelt werden. So wie es auf die Erziehung des Individuums bezogen »keinen andern Weg [gibt], den sinnlichen Menschen vernünftig zu machen, als daß man denselben zuvor ästhetisch macht« (S. 643), so muss man, auf das Projekt des ästhetischen Staats bezogen, »durch das ästhetische den Weg nehmen [...], weil es die Schönheit ist, durch welche man zu der Freiheit wandert« (S. 560).

Der ästhetische Staat

Schillers Konzept reagiert auf die Enttäuschungen durch konkrete Politik in Gestalt der Französischen Revolution mit einer »Emigration ins Reich der ästhetischen Erfahrung« (Alt 2000, Bd. 2, S. 149). Zugleich erteilt er solchen konkreten politischen Projekten, die in der Wahl ihrer Mittel keine Skrupel kennen – wie demjenigen der Illuminaten, dem auch der Mäzen und Empfänger der ursprünglichen Briefe anhing –, eine entschiedene Absage (Schings 1996, S. 210 ff.).

Die große Abhandlung *Über naive und sentimentalische Dichtung* beschäftigt Schiller seit Oktober 1793. Geplant als »kleiner Traktat« (an Körner, 4. 10. 1793, WB, Bd. 11, S. 663) für die *Neue Thalia*, entsteht die Abhandlung ab September 1794, nun als Beitrag für die *Horen*. Dort erscheint sie in drei Teilen im November und Dezember 1795 und Januar 1796. Der Text ist ein geschichtsphilosophischer Entwurf, demzufolge die Kultur den Menschen in einem unendlichen Progress, »auf dem Wege der Vernunft und der Freiheit, zur Natur

Naiv vs. sentimentalisch

zurückführen« soll (WB, Bd. 8, S. 708); daneben dient er zur Abgrenzung der Dichtung Schillers von derjenigen Goethes. Im Anschluss an die zeitgenössische ästhetische Diskussion bestimmt Schiller die »Naivetät«, das Fehlen einer Reflexion über Kunstregeln und -wirkungen, als notwendige Bedingung von Genie: »Naiv muß jedes wahre Genie sein, oder es ist keines.« (S. 718). Der naiven »Einfalt« als einem Naturzustand ist die sentimentalische Reflexion über dessen Verlust entgegengesetzt: »Der Dichter [...] *ist* entweder Natur, oder er wird sie *suchen*. Jenes macht den naiven, dieses den sentimentalischen Dichter.« (S. 732)

Da Schiller als über das Sentimentalische Reflektierender ja notwendigerweise selbst sentimentalisch ist, kann er sich von Goethe nur abgrenzen, indem er ihn als naiv charakterisiert. Allerdings kann auch der theoretisch deutlich weniger reflektierte Goethe kaum als völlig reflexionslos aufgefasst werden: weil er, so formuliert Schillers berühmter »Geburtstagsbrief« an Goethe, »gleichsam von innen heraus und auf einem rationalen Wege ein Griechenland [...] gebähren« muss (23. 8. 1794, WB, Bd. 11, S. 702), also kurz: Das naive Genie Goethe (und nicht nur er) muss unter sentimentalischen Bedingungen selbst sentimentalisch werden, oder noch prägnanter: »Das Naive ist das Sentimentalische.« (Szondi 1972)

Der sentimentalische Dichter kann sich dem »Widerspruch der Wirklichkeit mit dem Ideale« auf zweierlei Weisen zuwenden: mit der Darstellung der defizitären Wirklichkeit – in
Satire oder Ideal Form »*strafender*« oder »*scherzhafter* Satyre« (S. 740) – oder der Darstellung des Ideals selbst. Dann ist es seine Aufgabe, die »Einheit [...] aus sich selbst wieder herzustellen, die Menschheit in sich vollständig zu machen« (S. 776). Die poetische Form, in der sich dieses Programm verwirklichen lassen soll, ist Schiller zufolge die Idylle, die eine »Hirtenunschuld auch in Subjekten der Kultur und unter allen Bedingungen [...] der höchsten gesellschaftlichen Verfeinerung ausführt« und »mit einem Wort, den Menschen, der nun einmal nicht mehr nach *Arkadien* zurückkann, bis nach *Elisium* führt« (S. 775). Wie Schiller sich die poetisch-praktische Umsetzung

dieses höchst anspruchsvollen geschichtsphilosophischen Programms gedacht hat, ist schwer vorstellbar. Der Plan ist nicht über die Wahl eines Themas – die »Vermählung des Herkules mit der Hebe« und damit der »Uebertritt des Menschen in den Gott« (an W. von Humboldt, 30. 11. 1795, WB, Bd. 12, S. 102) – hinausgekommen.

Der *Beschluß der Abhandlung über naive und sentimentalische Dichter*, als Abschluss auch der theoretischen Arbeitsphase im Januar 1796 in den *Horen* erschienen, führt den poetologischen Gegensatz naiv/sentimentalisch dann auf einen »psychologischen Antagonism« zurück (S. 797). Mit diesem Versuch einer weiteren Systematisierung der Ästhetik, der erneut auf ein zentrales Interesse des Theoretikers *und* Praktikers Schiller hinweist, erhöht sich noch einmal die Komplexität der Theorie.

Wallenstein

Das dreiteilige »dramatische Gedicht« (so der Untertitel) – bestehend aus dem ursprünglich »Prolog« genannten Vorspiel *Wallensteins Lager*, dem Schauspiel *Die Piccolomini* und dem »Trauerspiel« *Wallensteins Tod* – ist Schillers erste große dramatische Arbeit nach sechsjähriger Unterbrechung der poetischen Produktion. Mit der Ausarbeitung, die ihn drei Jahre beschäftigt, beginnt er im März 1796. Dem war eine lange Vgl. S. 44 f. Zeit stets von Resignation bedrohter Beschäftigung mit dem Stoff, den er bereits in der *Geschichte des Dreißigjährigen Kriegs* behandelt hatte, vorausgegangen.

Viele wichtige Entscheidungen innerhalb des Entstehungsprozesses fallen spät, so dass jeweils erhebliche Umarbeitungen notwendig werden: Die Versform wählt Schiller erst, als schon große Teile eines Prosa-*Wallenstein* fertig gestellt sind; das Motiv der Astrologie nimmt – mit Goethes Hilfe – erst spät Gestalt an; der erfundene Charakter des Max Piccolomini wird zusätzlich eingefügt. Die dreiteilige Form schließlich erhält das Drama erst in der letzten Phase der Arbeit. Am 12. Oktober 1798 wird (zur Neueröffnung des Weimarer Hoftheaters) *Wallensteins Lager*, eingeleitet durch einen »Prolog« in Versen, uraufgeführt; am 30. Januar 1799 folgen *Die Picco-* — Entstehungsgeschichte

lomini sowie die ersten beiden Akte von *Wallensteins Tod*, am 20. April dann *Wallensteins Tod* (unter dem Titel *Wallenstein*). Veröffentlicht wird das Drama in der endgültigen Fassung in zwei Teilen – *Wallensteins Lager* und *Die Piccolomini* sowie *Wallensteins Tod* – Ende Juni 1800 bei Cotta in Tübingen. Die erste Auflage von 3500 Exemplaren ist nach wenigen Wochen vergriffen; noch im selben Jahr erscheint die erste einer ganzen Reihe von Neuauflagen.

»Wallensteins Lager« Wie im »Prolog« angekündigt, erscheint die Figur des Wallenstein in *Wallensteins Lager* nicht selbst auf der Bühne; »in den kühnen Scharen« der Soldaten, »die sein Befehl gewaltig lenkt«, ist er aber als Abwesender, als »Schattenbild« (»Prolog«, WB, Bd. 4, V. 112-114), anwesend. Deutlich wird, dass der wilde Soldatenhaufen nur von der Persönlichkeit des Feldherrn zusammengehalten wird: »Wer hat uns so zusammengeschmiedet, / Daß ihr uns nimmer unterschiedet? / Kein andrer sonst als der Wallenstein!« (*WL*, V. 805-807) Daneben hat das Vorspiel vor allem eine atmosphärische Funktion: Vorgestellt wird das Leben in einem Feldlager in der Mitte des Dreißigjährigen Krieges, freilich in durch den gereimten Knittelvers deutlich markierter poetischer Vermittlung.

Werk

Die Piccolomini sollen, als »Schauspiel«, die Wurzeln des Konflikts darstellen, der schließlich zum Untergang Wallensteins führt. Dass dieser seine Truppen in Pilsen zusammengerufen hat, deutet für Octavio Piccolomini und den ebenfalls anwesenden kaiserlichen Gesandten Questenberg »auf einen nahen Ausbruch der Empörung« (*Picc.*, V. 318). Während Octavio für die legitime Ordnung plädiert, hofft dessen Sohn Max, der Wallensteins Tochter Thekla liebt, auf einen durch Wallenstein garantierten europäischen Frieden. Seine Betonung einer empfindsamen Sprache des Herzens steht zur »Staatskunst« (*Picc.*, V. 2632) Octavios (und auch Wallensteins) in scharfem Kontrast.

»Die Piccolomini«

> »Wohl auf, Kameraden, auf's Pferd, auf's Pferd!
>   In's Feld, in die Freiheit gezogen.
> Im Felde, da ist der Mann noch was wert,
>   Da wird das Herz noch gewogen.
> Da tritt kein anderer für ihn ein,
> Auf sich selber steht er da ganz allein.«
>
> (*Wallensteins Lager*, V. 1052 ff.)

Wallenstein scheint nur an der Macht selbst, nicht an konkreten politischen Zielen interessiert zu sein. Vor allem aber ist er enttäuscht über seine auf dem Fürstentag zu Regensburg erfolgte Absetzung als kaiserlicher Feldherr. Um sich alle Optionen offen zu halten, verhandelt er mit den Schweden. Zwar spielt er wohl nur mit dem Gedanken, den Kaiser zu verraten – aber dies wird ihm bereits als tatsächlicher Verrat ausgelegt. Absetzen soll ihn kein anderer als Octavio Piccolomini, den Wallenstein für seinen Freund hält: »Es gibt keinen Zufall; / Und was uns blindes Ohngefähr nur dünkt, / Gerade das steigt aus den tiefsten Quellen. / Versiegelt hab' ich's und verbrieft, daß Er / Mein guter Engel ist […].« (*WT*, V. 943-947)

Das eigentliche »Trauerspiel« *Wallensteins Tod* beginnt mit dem zentralen Motiv der Astrologie: Wallenstein und sein Astrologe Seni stellen fest, dass die Sterne für das bislang hinausgezögerte Handeln günstig stehen. Da erfährt Wallenstein, dass sein Unterhändler Sesina verhaftet worden ist. Er sieht, dass ihm die Initiative zum Handeln aus den Händen genommen ist, bevor er sie recht ergriffen hat, und *muss* sich nun mit den Schweden verbünden: »Wär's möglich? Könnt' ich nicht mehr, wie ich wollte? / Nicht mehr zurück, wie mir's beliebt?

»Wallensteins Tod«

Ich müßte / Die Tat *vollbringen*, weil ich sie *gedacht* [...]?«
(*WT*, V. 139-141)

Aber erst ein Gespräch mit der Gräfin Terzky, die Wallenstein
vorhält, dass er, um sich selbst treu zu bleiben, dem treulosen
Kaiser die Treue aufkündigen muss, bringt den immer noch Zö-
gernden dazu, den Bund mit den Schweden einzugehen. Wallenstein wird zum »Verbrecher aus verratener Treue« (Borchmeyer 1988, S. 172).

Die Schlinge zieht sich endgültig zu, als Wallenstein ausgerechnet Octavio Piccolomini, den Führer der kaiserlichen Partei und designierten Nachfolger Wallensteins als Feldherr, in
seine Pläne einweiht. Octavio bringt die Generäle und vor allem Buttler, der Wallenstein bisher – trotz dessen Misstrau-
ens – treu ergeben war, gegen diesen auf. Buttler ermordet
Wallenstein. Am Ende erfährt Octavio Piccolomini zunächst
vom Tod seines Sohnes Max, der in den Freitod gegangen ist
(in den er seine Soldaten, die Pappenheimer, mitgerissen hat),
sieht dann, wie die Gräfin Terzky sich mit Gift tötet, um
schließlich, mit dem letzten Satz des Trauerspiels, von seiner
Erhebung in den Fürstenstand zu erfahren – eine Erhebung,
deren Preis ihn stumm und »schmerzvoll zum Himmel« bli-
cken lässt (*WT*, nach V. 3867).

»[...] Wallenstein ist ein Character, der – als äct realistisch – nur
im Ganzen aber nie im Einzelnen interessiren kann. [...] Er hat
nichts Edles, er erscheint in keinem einzelnen LebensAkt groß,
er hat wenig Würde und dergleichen, ich hoffe aber nichtsdesto-
weniger auf rein realistischem Wege einen dramatisch großen
Character in ihm aufzustellen, der ein ächtes Lebensprincip in
sich hat. Vordem habe ich wie im Posa und Carlos die fehlende
Wahrheit durch schöne Idealität zu ersetzen gesucht, hier im Wallenstein will ich es probieren, und durch die bloße Wahrheit für
die fehlende Idealitaet (die sentimentalische nehmlich) entschä-
digen.« (Friedrich Schiller an Wilhelm von Humboldt, 21. 3. 1796;
WB, Bd. 12, S. 161)

Weniger als an der historischen Wahrheit (an die er sich, gemessen an der damaligen Quellenlage, weitgehend hält) ist

Schiller offenbar an der Figur Wallensteins interessiert. Dieser erscheint als Taktierer, als klug handelnder Machtpolitiker einerseits, andererseits als Zauderer, als Sternengläubiger – als prototypischer Melancholiker zudem. Daneben spielen die Psychologie der Verführung und Korrumpierung durch Macht sowie politische Mechanismen eine wichtige Rolle: Octavio steht für die »alten, engen Ordnungen« (*Picc.*, V. 463), also für ›traditionale‹ Herrschaft im Sinne des Soziologen Max Weber, während Wallensteins Herrschaft an seine Person gebunden, ›charismatisch‹ ist (Borchmeyer 1988, S. 164 ff.). Daneben wird eine weitere Polarität immer wieder festgestellt: diejenige von Realismus und Idealismus, die Octavio und Max Piccolomini verkörpern. Wallenstein hingegen schwankt zwischen Realismus und Idealismus.

Wallensteins Charakter

Nicht eigentlich die Charaktere, sondern die Handlung und damit die Zwangsmechanismen, denen das Handeln (auch in der historischen Realität) unterliegt, stehen im Zentrum der Trilogie. Darin wurde Schiller durch seine Lektüre der *Poetik* des Aristoteles im Mai 1797 bestärkt. Das Trauerspiel kann in seiner analytischen Konzentration auf die Folgen eines scheinbar unabwendbaren Verhängnisses, dessen Ursachen – vor allem Wallensteins Überhebung über die eigene politische Klugheit – vor der eigentlichen Handlung liegen, als ein »König Ödipus in Böhmen« (Schulz 1981, S. 120) erscheinen; wesentlich ist aber, dass an die Stelle des Metaphysischen der griechischen Tragödie hier Geschichte und Politik treten: »Der Begriff des Schicksals und die ihm verschwisterten Chiffren [...] sind entmythologisierte Symbole der selbstgeschaffenen Zwänge politischen Handelns.« Dem widerspricht auch das Motiv der Astrologie nicht, denn Wallenstein *unterwirft* sich dem Sternenglauben (Borchmeyer 1988, S. 211 ff.). Dass geschichtlich-politische Zwänge keine säkularisierten mythischen sind, weil innerhalb der Geschichte Handlungsalternativen zumindest denkbar sind, zeigt nicht zuletzt die »Liebeshandlung« um Max und Thekla als Gegenentwurf (Reinhardt 1998b, S. 399 f.); allerdings ist sie als privates Moment »für die geschichtlich-politische Welt ohne Bedeutung« (Alt 2000, Bd. 2, S. 451) – und sie ist dazu bestimmt zu scheitern. Auch

Primat der Handlung

wenn die Zwänge überindividuell-politischer und nicht metaphysischer Natur sind, erscheint die Freiheit, die Max Piccolomini vertritt, als in der Geschichte nicht realisierbar – er stirbt als enttäuschter Idealist.

Realismus ›Realistisch‹ ist die Trilogie, weil sie Widersprüche nicht bloß im Charakter des Protagonisten aufzeigt, sondern in der politisch-historischen Realität der modernen Welt selbst (Hinderer 1992, S. 273). Nicht nur ist die Frage nach den Motiven Wallensteins nicht eindeutig zu beantworten, weswegen er nicht moralisch zu bewerten ist – die Trilogie zeigt die grundsätzliche »Ambivalenz« historischen Handelns, das von Egoismus *und* Uneigennützigkeit bestimmt ist. Im Gegensatz zum in der Geschichte Handelnden, dem, wie an Wallenstein gezeigt wird, der Selbsterhaltungstrieb verbietet, nicht zu handeln, ist es dem Zuschauer möglich, eine ›interesselose‹ Haltung im Sinne der Ästhetik des Erhabenen einzunehmen und die unabwendbare Gewalt in der Geschichte »dem Begriff nach zu vernichten« – eben weil er sie nicht »erleiden muß« (WB, Bd. 8, S. 823). Im Spiegel der klassizistischen Form reflektiert die Trilogie zuletzt die in der Geschichte unüberbrückbare Distanz zwischen Ideal und Realität (Hofmann 1999).

Maria Stuart

Schillers Interesse an dem historischen Stoff geht auf die Zeit
Vgl. S. 23 f. seines Aufenthalts in Bauerbach im Winter 1782/83 zurück.
und 48 f. Unmittelbar nach der Uraufführung des *Wallenstein* im April 1799 beginnt er mit dem gründlicheren Quellenstudium. Anfang Juni 1800 ist die Arbeit abgeschlossen, am 14. Juni wird das Trauerspiel in Weimar uraufgeführt – mit großem Erfolg beim Publikum (während Herder, Wieland und die Jenaer Romantiker es zum Teil vehement kritisieren). Es erscheint im April 1801 bei Cotta in Tübingen im Druck.

Schillers Quellenstudium führt auch hier – wie zuerst bereits beim *Fiesko* – nicht in die Abhängigkeit von den historischen Fakten; erneut sind wichtige Handlungsmerkmale und Figurencharakteristika erfunden: Gegenüber den Bewertungen in seinen Quellen erscheint Maria Stuart positiver, Elisabeth negativer. Vor allem aber das Moment des Begehrens ist ganz nach dramaturgischen Erwägungen konstruiert. So hat Schiller das Alter beider Protagonistinnen verringert, um beide erotisch attraktiver gestalten zu können; und die erotische Beziehung Marias zu Leicester ist ebenso erfunden wie die Figur des Mortimer.

Das Stück ist als analytisches Drama nach dem Muster der klassischen griechischen Tragödie angelegt: In seiner Vorgeschichte war die schottische, katholische Königin Maria Stuart, nachdem sie ihren Gatten hatte ermorden lassen, nach England geflohen, wo sie der Verschwörung gegen die anglikanische Königin Elisabeth (auf deren Thron sie Anspruch erhebt) beschuldigt und inhaftiert worden war. Zentrales Interesse der Handlung ist die Frage, wann das Todesurteil unterzeichnet und vollstreckt werden soll – und wie Maria sich in ihr Schicksal fügt. Elisabeth zögert, das Urteil zu unterschreiben, weil sie fürchtet, die öffentliche Meinung gegen sich aufzubringen, und befiehlt Mortimer statt dessen, Maria zu ermorden. Der aber offenbart sich Leicester, einem enttäuschten Günstling Elisabeths, der sich Hoffnungen auf Marias Liebe macht. Dieser überredet Elisabeth zu einer Unterredung mit Maria – in der Hoffnung, Maria könne doch noch eine Begnadigung erwirken. Das (ebenfalls fiktive) Gespräch der beiden Königinnen nimmt jedoch eine gänzlich andere Wendung, als Maria in Reaktion auf Elisabeths Anschuldigungen – »ihr tötet eure Freier, / Wie eure Männer!« (WB, Bd. 5, V. 2410 f.) – mit Häme über den Ehebruch von Elisabeths Mutter Anna Boleyn reagiert: »Der Thron von England ist durch einen Bastard / Entweiht [...]« (V. 2447 f.). Marias Triumph scheint ganz dem Bewusstein ihrer erotischen Attraktion geschuldet: »Vor Lesters Augen hab' ich sie erniedrigt!« (V. 2464) Realistisch wirkt das Drama insofern, als es den »Widerstreit zwischen politischer Vernunft und persönlichen Wünschen« nicht »harmonisch auflöst, sondern Marias heroisch-öffentlichen Idealismus an ihrer Seelendynamik zuschanden werden läßt« (Sautermeister 1992, S. 310).

An einem Brief an Maria aus der Feder Leicesters erkennt Elisabeth dessen doppeltes Spiel. Um sich vom Verdacht rein-

Zentrum der Handlung

zuwaschen, liefert er Mortimer aus (der sich selbst tötet), rät – angesichts der Tatsache, dass das Volk nach einem fehlgeschlagenen Mordanschlag auf Elisabeth den Tod Marias fordert – zur Unterzeichnung des Todesurteils und übernimmt scheinbar bereitwillig die »verhaßte Pflicht«, es zu überbringen (V. 3048). Das Eingeständnis der Belastungszeugen, falsch ausgesagt zu haben, kommt zu spät, und Elisabeth kann nur noch versuchen, die Schuld auf ihre Berater abzuwälzen. Leicester aber, so der Schlusssatz, »läßt sich / Entschuldigen, er ist zu Schiff nach Frankreich« (V. 4032 f.).

> »MARIA *mit ruhiger Hoheit Im ganzen Kreise herumsehend:*
> Was klagt ihr? Warum weint ihr? Freuen solltet
> Ihr euch mit mir, daß meiner Leiden Ziel
> Nun endlich naht, daß meine Bande fallen,
> Mein Kerker aufgeht, und die frohe Seele sich
> Auf Engelsflügen schwingt zur ew'gen Freiheit.
> Da, als ich in die Macht der stolzen Feindin
> Gegeben war, Unwürdiges erduldend,
> Was einer freien großen Königin
> Nicht ziemt, da war es Zeit, um mich zu weinen!
> – Wohltätig, heilend, nahet mir der Tod,
> Der ernste Freund! Mit seinen schwarzen Flügeln
> Bedeckt er meine Schmach – den Menschen adelt,
> Den tiefstgesunkenen, das letzte Schicksal.«
>
> (*Maria Stuart*, V. 3480 ff.)

Anmut oder Erhabenheit

In der Fassung, mit der Maria sich in ihr Todesurteil fügt und ihrer Kontrahentin vergibt, ist immer wieder eine Form von Erhabenheit im Sinne der tragödientheoretischen Schriften der 1790er Jahre gesehen worden. Gleichviel ob sich Marias Ende im Sinne von *Über Anmut und Würde* als Ausdruck von Würde oder der Vollkommenheit einer »schönen Seele« deuten lässt – eine Läuterung Marias, die bis zum Schluss höchst weltlichen Reizen verhaftet bleibt (»Vergönnt mir noch einmal / Der Erde Glanz auf meinem Weg zum Himmel!« [V 3548 f.]), vollzieht sich, so denn überhaupt, erst »an der Schwelle des Todes« (Guthke 1998b, S. 439).

Wesentlicher als das Moment der Psychologie scheint hier dasjenige der Politik. In den beiden Kontrahentinnen werden
zwei verschiedene Auffassungen von Herrschaft kontrastiert:
Feudalabsolutismus und konstitutionelle Monarchie. Dabei
ist die Verkörperung des konstitutionellen Modells durch Elisabeth durchaus anachronistisch: Es entspricht der Staatsphi-
losophie Montesquieus, Rousseaus und Diderots. Damit
nimmt *Maria Stuart* Probleme des *Dom Karlos* wieder auf.
Im allgegenwärtigen Moment unaufrichtigen höfischen Spre-
chens präsentiert das Drama, darin dem *Wallenstein* vergleich-
bar, die Zwänge der Politik und ihre Gewalt über die Freiheit
des Individuums.

Die Jungfrau von Orleans

Mit der Arbeit an der fünfaktigen Tragödie begann Schiller
im Juli 1800; am 16. April 1801 schloss er sie ab. Uraufgeführt Vgl. S. 49 f.
wurde das Drama nicht, wie ursprünglich vorgesehen, in Wei-
mar, sondern mit großem Erfolg am 11. September 1801 in
Leipzig. Es erschien noch im Oktober als *Kalender auf das
Jahr 1802* bei Unger in Berlin.
Die Tragödie verarbeitet erneut einen historischen Stoff: die
Geschichte des lothringischen Bauernmädchens Jeanne Thi-
baut, genannt Jeanne d'Arc oder Johanna von Orléans (um
1411-1431). Der Prolog zeigt Johanna, wie sie ihrer Familie
(und dem Publikum) ihre göttliche Sendung offenbart: Ihr sei
befohlen, der »Männerliebe« (WB, Bd. 5, V. 411) zu entsagen
und Frankreich zu Hilfe zu eilen, das sich im Kampf gegen die
englische Besatzungsmacht in schier aussichtsloser Lage befindet. In seinem Hoflager erhält Karl VII. dann die Nach-
richt, dass »eine Jungfrau, mit behelmtem Haupt / Wie eine
Kriegesgöttin, schön zugleich / Und schrecklich anzusehn«
(V. 955-957), das Heer zum Sieg geführt habe. Am Hof ange-
kommen, erzählt Johanna von ihrer Berufung durch eine Erscheinung der Jungfrau Maria, die ihr aufgetragen habe, die
Feinde zu »vertilgen« (V. 1081) und Karl nach Reims zur Krö-
nung zu führen – woraufhin ihr die Führung des Heeres übertragen wird. Sie bleibt solange siegreich, bis ihr ein geheimnis-
voller »Schwarzer Ritter« begegnet, der sie davor warnt, weiter

Übersinnliches zu kämpfen, worauf er unter »Blitz und Donnerschlag [...] versinkt« (nach V. 2445). Als sie unmittelbar darauf vom englischen Heerführer Lionel gestellt wird, kann sie sich nicht überwinden, ihn zu töten, sondern fordert ihn auf, sie zu töten und zu fliehen; gerührt flieht Lionel. Darauf wendet sich Johannas Glück: Während der Sieges- und Krönungsfeierlichkeiten beschuldigt sie ihr Vater, mit dem Teufel im Bunde zu sein. Weil sie sich dagegen nicht verteidigt, wird sie verbannt und gerät in die Gefangenschaft Isabeaus, der Mutter Karls VII., die mit den Engländern verbündet ist. Johanna kann sich befreien und zieht erneut in den siegreichen Kampf, wird aber tödlich verwundet. Sie stirbt mit den Worten »Kurz ist der Schmerz und ewig ist die Freude!« (V. 3544), in der Hand die Fahne der Jungfrau Maria, mit der sie in den Kampf gezogen ist, unter einem Himmel, der »von einem rosigten Schein beleuchtet« ist (nach V. 3535).

Zu den Ingredienzien, die den Untertitel »romantische Tragödie« motivieren, gehören die übersinnlichen Momente wie etwa die von Blitz und Donner begleitete Erscheinung des Schwarzen Ritters. Schwerer aber noch wiegt das ›übernatürliche‹ Moment des Schlusses. Mit ihm verändert Schiller zugleich den historischen Stoff: Die historische Jeanne d'Arc wurde an die Engländer ausgeliefert und als Hexe verbrannt. Die Veränderung zu einem Tod in einem opernhaften Finale trägt wohl auch dem zeitgenössischen Publikumsgeschmack Rechnung. Zudem befindet Schiller sich im Einklang mit seiner eigenen theoretischen Position, derzufolge die spezifische poetische Wahrheit von der historischen Wahrheit unabhän-

... und alle gig ist. Es stellt sich allerdings die – bis heute in der Forschung
Fragen offen heftig diskutierte und letztlich unlösbare – Frage, welches die poetische Wahrheit des Schlusses ist (deren Beantwortung entscheidend für die Gesamtdeutung der Tragödie ist). Gegen eine Verklärung Johannas spricht eine Reihe von Irritationen (Sauder 1992, S. 336 ff.): etwa der merkwürdige Widerspruch zwischen dem angeblich göttlichen Ideal, das sich in Johanna verwirkliche, und der Brutalität ihres kämpferischen Handelns. Daran knüpft sich auch die Frage der Authentizität ihrer Sendung: denn Leser und Zuschauer erfahren von der vor-

Werk

geblich göttlichen Berufung nur aus dem Munde der Heldin. Im Zentrum steht also weniger die Transzendenz selbst als vielmehr der »transzendenzgläubige Mensch« (Guthke 1996, S. 130). Damit aber rückt die Psychologie in den Mittelpunkt – zunächst die der Heldin, die sich selbst beschuldigt: »Gebrochen hab' ich mein Gelübde!« (V. 2482), deren »unterdrücktes Gefühl« sich »in gesteigerter Intensität zurück[meldet]« und ihr Sendungs- in Schuldbewusstsein umschlagen lässt. Johanna stirbt als »Opfer für ihre militärische Sendung«, die sie nicht mit ihrer Persönlichkeit in Einklang bringen konnte (Alt 2000, Bd. 2, S. 524 f.).

Aber auch die Psychologie des Zuschauers ist ein wichtiger Aspekt: Dass der Stoff »in hohem Grade rührend« sei, hatte Schiller am 28. Juli 1800 an Körner geschrieben (WB, Bd. 12, S. 525), und die ›Rührung‹ muss durchaus im Sinne des Textes *Über die tragische Kunst* verstanden werden: als zentraler psychologischer Wirkmechanismus der Tragödie, mit dem hier experimentiert wird. Damit aber spielt das »Herz« als Organ der Rührung und des Mitleids die entscheidende Rolle: auf Seiten Johannas, die sich vergeblich bemüht, zwischen Gefühl und Moral zu vermitteln (»Und bin ich strafbar, weil ich menschlich war? / Ist Mitleid Sünde?« [V. 2567 f.]), wie auf Seiten des Publikums – und des Autors. Am 10. Februar 1802 schreibt Schiller an seinen Verleger Göschen: »Dieses Stück floß *aus dem Herzen* und *zu dem Herzen* sollte es auch sprechen.« (NA, Bd. 31, S. 101)

Rührung

Die Braut von Messina oder die feindlichen Brüder

Geplant hat Schiller ein »Trauerspiel mit Chören«, so der Untertitel der Druckfassung, nach antikem Muster bereits im Frühjahr 1801, eines über »feindliche Brüder« sogar ab März 1799; im September 1802 beginnt er mit der eigentlichen Arbeit, am 1. Februar 1803 wird das Stück fertig gestellt und am 19. März in Weimar (mit großem Erfolg bei der Kritik und weniger großem beim Publikum) uraufgeführt. Von Ende Mai bis Anfang Juni verfasst Schiller die Vorrede »Über den Gebrauch des Chors in der Tragödie«; noch im Juni 1803 erscheint das Drama bei Cotta in Tübingen.

Vgl. S. 48

Griechisches Vorbild Die Handlung wirkt eher ›griechisierend‹ montiert als klassisch gefügt: Sie setzt damit ein, dass Donna Isabella, die verwitwete »Fürstin von Messina« (WB, Bd. 5, S. 294), ihre beiden Söhne, die »feindlichen Brüder« Don Manuel und Don Cesar, zur Versöhnung in ihrem Haus erwartet. Zudem will sie ihnen ihre Schwester Beatrice vorstellen, die sie ohne deren Wissen (und das des Vaters) unmittelbar nach der Geburt in ein Kloster hatte bringen lassen: Ein »sternekundiger Arabier« hatte dem Vater prophezeit, durch eine Tochter würde »sein ganzer Stamm / [...] vergehn« (V. 1317-1324), woraufhin der die Tötung angeordnet hatte, während ein Traum der Mutter so gedeutet worden war, dass die Tochter »der Söhne streitende Gemüter / In heißer Liebesglut vereinen würde« (V. 1350 f.). Das Erwartbare (weil aus der griechischen Tragödie, wie etwa dem Sophokleischen *Ödipus*, Bekannte) geschieht – unter »fast aufdringlicher Vernachlässigung von Motivationen« (Oellers 1996, S. 228): Im Versuch, das Eintreten der Prophetie zu verhindern, wird sie erfüllt, wodurch sich zugleich der zuvor verborgene Doppelsinn der prophetischen Worte (hier: des Traums) erweist. Beide Brüder hatten sich in der Zwischenzeit der Vorgeschichte in ihre Schwester verliebt und waren so ›in heißer Liebesglut vereint‹. Als Don Cesar Beatrice in den Armen seines Bruders findet, ersticht er ihn, rasend vor Eifersucht; der Versuch seiner Mutter, ihn davon abzuhalten, sich selbst zu richten, fruchtet nicht: Er ersticht auch sich selbst und erfüllt damit das ursprüngliche Orakel.

Als größtes Problem der Rezeption erweist sich die Bewertung Don Cesars und seines Todes. Indem hinter dem »Gestus der Erhabenheit« Neid auf den Toten und auf die Liebe der Mutter zu ihm sichtbar wird (»Denkst du, daß ich den Vorzug werde tragen, / Den ihm dein Schmerz gegeben über mich?« [V. 2729 f.]), erweist sich das Moment der Erhabenheit, mit der er seine Bestrafung fordert, als nur vordergründig (Janz 1984, S. 340 f.). Dem »Räuber-Moor-Ende in klassischem Gewand« folgt ein »Rückfall« (Guthke 1998a, S. 483). Statt sich der Verantwortung für sein triebbestimmtes Verhalten zu stellen, flieht der Held durch seinen Freitod aus der Geschichte.

Vom Schicksal wird im Drama ebenso häufig gesprochen wie von Schuld. Das bedeutet aber eine irritierende Uneindeutigkeit der Bewertungen des Handelns – zu der der Chor entscheidend beiträgt. Wie die eher abstrakt auf Schillers Tragödienästhetik als konkret auf die *Braut von Messina* Bezug nehmende Vorrede ausführt, soll er vor allem der Distanzierung des Zuschauers dienen und ihm die »Freiheit zurück[geben], die im Sturm der Affekte verloren gehen würde«; die »Reflexion«, die der Chor »von der Handlung absondert« (WB, Bd. 5, S. 288 f.), umschifft aber nicht immer die Klippen der Banalität und bleibt stets ambivalent. Der »doppelte Charakter« – als Reflexionsinstanz wie als (doppelte) handelnde Figur (als Gefolge je eines der Söhne) –, den Schiller dem Chor in einem Brief an Körner zuschreibt (10. 3. 1803, WB, Bd. 12, S. 649), erweist sich als zentrales Strukturmoment des Textes selbst. Ob diese Doppeldeutigkeit womöglich – statt als Widerspruch – als Gestaltung eines Zwiespalts in den Handlungsmotivationen und damit das Trauerspiel als »individual- *und* massenpsychologisches Experiment« (Darsow 2000, S. 210) gedeutet werden können, erscheint fraglich: weil es weniger um einen psychologischen Zwiespalt der Selbstbeobachtung als vielmehr um eine Uneindeutigkeit der Weltdeutung geht, die zwischen Materialismus der Sinnlichkeit und Metaphysik des Schicksals schwankt. Eindeutig aber handelt es sich um ein Experiment mit der Leistung der Form.

Schuld oder Schicksal?

Wilhelm Tell

Auf einer Reise in die Schweiz beschließt Goethe im Oktober 1797, ein Versepos über den Nationalhelden Wilhelm Tell zu verfassen; nach seiner Rückkehr bespricht er den Plan ausführlich mit Schiller. Goethes späterer Erinnerung zufolge habe er Schiller den Stoff überlassen; Schiller hingegen schreibt im März 1802 an Cotta, das umlaufende Gerücht, er arbeite an einem Tell-Drama, habe ihn auf die Idee gebracht, genau dies zu tun. Am 25. August 1803 beginnt Schiller mit der Ausarbeitung, zu der er neben historischen diesmal auch geographische und naturkundliche Quellenwerke heranzieht. Das

Vgl. S. 54

»Schauspiel« wird am 18. Februar 1804 fertig gestellt und bereits am 17. März 1804 in Weimar uraufgeführt. (Im Oktober erscheint es bei Cotta in Tübingen im Druck.) Es erobert sofort die Repertoires anderer Bühnen und ist auch in der Wirkungsgeschichte einer der prominentesten Dramentexte geblieben. Dabei haben seine Komplexität und seine ästhetische Qualität zuweilen unter den Vereinfachungen seiner (ideologischen) Rezeption leiden müssen.

Wirkung auf das Publikum   Dass *Wilhelm Tell* seine Wirkung auf das Publikum nicht verfehlt hat, leuchtet unmittelbar ein; dass es tatsächlich oft gespielt worden ist, weniger. Publikumswirksam sind neben der Dynamik der (politischen) Handlung auch die Naturdarstellungen und die Nähe zur Operndramaturgie. Allerdings machen Musik, Kulisse und die Zahl der *dramatis personae* Inszenierungen des Dramas aufwendig; zudem ist die Handlung politisch nicht unproblematisch. Meist sind zensurbedingte Eingriffe in die Rütli-Szene (II,2) erfolgt – zu groß schien die Gefahr politischer Aktualisierung, denn schon durch den Stoff scheint eine Verbindung zur Französischen Revolution hergestellt zu werden.

Zunächst mahnt Tell, der biedere Einzelgänger, gegenüber seinem Freund Stauffacher, der einen Aufstand gegen die Knechtung durch österreichische Fremdherrschaft (in der Person des Landvogts Geßler) erwägt, zur Ruhe und Duldung; entsprechend fehlt Tell, als der Schwur auf dem Rütli das »uralt Bündnis« (WB, Bd. 5, V. 1156) erneuert. Ziel ist nicht der anarchische Umsturz, sondern die Wiederherstellung der alten Ordnung, der Reichsunmittelbarkeit, verbunden mit der Gleichheit der Stände. Auf diese Weise bleiben auch die »öffentliche Sache« der Eidgenossen und Tells »Privatsache« strikt voneinander getrennt, bis diese »am Schluss« mit jener »zusammengreift« (Schiller an Iffland, 5. 12. 1803, NA, Bd. 32, S. 89). Tell schreitet erst ein, als er und seine Familie *persönlich* vom Landvogt Geßler bedroht werden: Dieser zwingt die Einwohner von Uri zur Ehrerbietung gegenüber seinem als Herrschaftsinsigne aufgepflanzten Hut. Tell weigert sich. Darauf wird er von Geßler gezwungen, seinem Sohn mit der Armbrust einen Apfel vom Kopf zu schießen, und schließlich verhaftet, kann aber fliehen und schwört Rache. Tell tötet Geßler, was nicht nur zum Signal für den allgemeinen Aufstand wird, sondern vielmehr dieser Aufstand *ist*; denn weiter wird kein Blut vergossen (Knobloch 1998, S. 502).

Tells Monolog in der »hohlen Gasse bei Küßnacht« (vor V. 2560), in dem der zuvor unreflektierte ›mythische‹ Held sein Handeln zu legitimieren sucht, zeigt ein »Bewusstsein an der Schwelle der Moderne«, das sich durch moralische Reflexion rechtfertigen muss (Hofmann 2003, S. 174). Dass Tells »Weg« aber tatsächlich nicht nur »aus dem Dunkel des unmittelbaren Lebens und seiner substantiellen Einheit mit Gott, Natur und Menschen« heraus und in die »Entzweiung« führt, sondern durch sie hindurch schließlich »zum Licht der Erkenntnis und des sittlichen Handelns aus Wissen und Verantwortung« (Ueding 1992, S. 415), kann auch bestritten werden – indem Tell als »Mörder«, wenn auch womöglich »aus ethisch gebotener Notwendigkeit« charakterisiert wird (Darsow 2000, S. 218).

Tells Haltung

> »STAUFFACHER [...]
> Wir stiften keinen neuen Bund, es ist
> Ein uralt Bündnis nur von Väter Zeit,
> Das wir erneuern! Wisset Eidgenossen!
> Ob uns der See, ob uns die Berge scheiden,
> Und jedes Volk sich für sich selbst regiert,
> So sind wir Eines Stammes doch und Bluts,
> Und Eine Heimat ist's, aus der wir zogen.«
>
> (*Wilhelm Tell*, V. 1155 ff.)

Das Schauspiel bietet ein »politisch-ästhetisches Gegenmodell« zur Revolution in Frankreich; gegen Kants strikte Ablehnung des Rechtes auf Widerstand – und gegen die Theorie, die Schiller in den Briefen *Über die ästhetische Erziehung des Menschen* entwickelt und die nur einen stetigen Umbau des Staates vorsieht – plädiert es für das Recht auf eine Erhebung »gegen [...] Fremdherrschaft um der Wahrung des alten Rechtsbestandes willen« (Borchmeyer 1982, S. 70 ff.).

Stauffachers Verse in der Rütli-Szene argumentieren, wie oft bei Schiller, anachronistisch mit zeitgenössischer Staatstheorie. Die Aufkündigung des Gesellschaftsvertrags führt zurück in den Naturzustand im Sinne Rousseaus: »Der alte Urstand der Natur kehrt wieder, / Wo Mensch dem Menschen gegenüber steht [...].« (V. 1282 f.) Ein tatsächlich aktualisierbares Modell der Revolution lässt sich daraus nicht gewinnen, weil eine solche legitime Revolution nur als diejenige eines mythi-

Die Rütli-Szene

sierten »Naturvolks« denkbar ist (Borchmeyer 1988, S. 177) – nur unter diesen, in der Moderne verlorenen Bedingungen lässt sich das allgemeine Blutvergießen vermeiden, indem der Einzelne die Schuld persönlicher Gewalt (die nicht deswegen schon politisch ist, weil der Aggressor mit dem Repräsentanten der Fremdherrschaft als *Person* identisch ist) stellvertretend auf sich nimmt. Tell, der »als eine Art naturmythischer Präfiguration des Monarchen einer parlamentarischen Monarchie« verstanden werden kann (Kaiser 1974, S. 114), ist, indem er für die Freiheit der Anderen seine Unschuld opfert, selbst »Opfer der Geschichte« – und schweigt am Schluss (Alt 2000, Bd. 2, S. 586).

Wirkung

Literatur

Schillers Wirkungsgeschichte ist in hohem Maße vom Moment des Zitats geprägt – und vom Mythos der privaten Person, des kranken Dichters, dessen Werk, ganz anders als dasjenige der ›naiven‹ Naturbegabung Goethes, das Ergebnis harter, entbehrungsreicher Arbeit gewesen sei. Die wohl prominenteste literarische Gestaltung dieses Mythos bietet Thomas Manns Erzählung *Schwere Stunde* (1905): »Der andere hatte es leichter! Mit weiser und glücklicher Hand Erkennen und Schaffen zu scheiden, das mochte heiter und quallos und quellend fruchtbar machen. Aber war Schaffen göttlich, so war Erkenntnis Heldentum, und beides war der, ein Gott und ein Held, welcher erkennend schuf!« (Mann 1981, S. 382)

Die Tendenz, Schiller und Goethe zu kontrastieren, prägt schon die Literaturkritik der Jenaer Romantiker. Ein feststehender Topos ist dabei die Auffassung, Schiller sei – ganz im Gegensatz zu Goethe – zu philosophisch gewesen, um poetisch sein zu können, er sei eher Denker als Dichter gewesen. Von *dem* Schiller-Bild der Romantiker kann allerdings kaum gesprochen werden – zu unterschiedlich sind die Positionen und deren Beweggründe. Novalis etwa war ein leidenschaftlicher Schiller-Verehrer. Ludwig Tieck hingegen, der in den 1820er Jahren als entschiedener Verächter Schillers galt, hat sich wohl vor allem gegen die Vielzahl von mittelmäßigen Nachahmern gewandt, die in dessen Geist fortzudichten vorgaben. Anders, bewegter stellt sich das Verhältnis der Brüder August Wilhelm und Friedrich Schlegel zu Schiller dar.

Mit August Wilhelm Schlegel verbindet Schiller ab 1795 zunächst ein harmonisches, von gemeinsamen Interessen getragenes Verhältnis. Dies ändert sich, als Friedrich Schlegel eine wenig freundliche Rezension der *Horen* veröffentlicht, für die Schiller stellvertretend den älteren Bruder bestraft – indem er ihm die Freundschaft aufkündigt. In seiner Ablehnung wird er noch bestärkt durch die zunehmende Sympathie, die beide Schlegels in der Folge Goethe entgegenbringen, was Schiller als Versuch deuten musste, »das gemeinsame Arbeitsbündnis

Die Jenaer Romantiker

Die Brüder Schlegel

zu stören und einen Keil in die bisher gut funktionierende Allianz zu treiben« (Alt 2000, Bd. 2, S. 320).

> »*Dichterischer Briefwechsel, aufbewahrt für die Nachwelt*
>
>   Morgen-Billett
> Damit mein Freund bequem ins Schauspiel rutsche,
> So steht ihm heut zu Diensten meine Kutsche.
>   Antwort
> Ich zweifle, daß ich heut ins Schauspiel geh';
> Mein liebes Fritzchen hat die Diarrhee.«
>
> (A. W. Schlegel, aus: *Literarische Scherze* [1831];
> zit. n. Oellers [Hg.] 1970, S. 492)

August Wilhelm Schlegel hat an seiner ablehnenden Haltung gegenüber Schiller stets festgehalten. In seinen Wiener *Vorlesungen über dramatische Kunst und Literatur* (1808) kritisiert er dessen Dramen ausführlich und veröffentlicht später sogar Spottgedichte auf den Briefwechsel zwischen Schiller und Goethe.

Jean Paul Jean Paul hingegen, dessen persönliches Verhältnis zu Schiller von Spannungen und massiven Meinungsverschiedenheiten geprägt war, hat sich nach Schillers Tod ausgesprochen positiv über dessen Werk geäußert. Die Beschreibung der Figur des Don Gaspard in seinem Roman *Titan* (1800-03) folgt teilweise wörtlich der Beschreibung eines Porträts Schillers nach einer Zeichnung von Dora Stock, die Jean Paul 1795 Charlotte von Kalb mitgeteilt hat: »Aus einem vertrockneten hagern Angesicht erhob sich zwischen Augen, die halb unter den Augenknochen fortbrannten, eine verachtende Nase mit stolzem Wurf – ein Cherub mit dem Keime des Abfalls, ein verschmähender gebietender Geist stand da, der nichts lieben konnte, nicht sein eignes Herz, kaum ein höheres, einer von jenen Fürchterlichen, die sich über die Menschen, über das Unglück, über die Erde und über das Gewissen erheben, und denen es gleich gilt, welches Menschenblut sie hingießen, ob fremdes oder ihres.« (Jean Paul 1983, S. 36 f.)
Auch für die produktive Rezeption Schillers in der Literatur

gilt, dass sie in mindestens ebenso hohem Maße an der ›my- **Nach-**
thischen‹ Person Schillers interessiert gewesen ist wie an des- **leben**
sen Texten. Dies zeichnete sich spätestens unmittelbar nach **in der**
Schillers Tod ab, als, meist in literarischen Zeitschriften, eine **Literatur**
Vielzahl von gedichteten Totenklagen erschienen, deren Verfasser heute zumeist vergessen sind. Und die Flut der Schiller-
Gedichte (deren erste schon zu seinen Lebzeiten erschienen
waren) ebbte zunächst nicht ab: In den Jahren 1805-30 erschienen über 100 weitere. Zu diesen Formen poetischer Verehrung gesellten sich solche, die sich vom überlieferten Werk
anregen ließen: Nachdichtungen und Parodien. Wurde zunächst vor allem der Tonfall Schillerscher Gedichte nachge-
ahmt, so verlagerte sich das Interesse der Nachdichter bald
auf dramatisches Gebiet (besonders der *Wilhelm Tell* regte
zu einer Fülle von Dramen an, die die Tapferkeit der Schweizer priesen). Schillers Gedichte wurden nun vermehrt zum
Objekt mehr oder minder wohlwollender Parodien, die vor

**»Ein Cherub mit
dem Keime
des Abfalls«**

Fried. Schiller.

allem von der Wiedererkennbarkeit der parodierten Texte, damit aber von deren unverwechselbaren formalen Eigenschaften ebenso wie von ihrer Popularität leben. Wohl kein deutscher Autor ist so oft parodiert worden wie Schiller (Oellers 1967, S. 313 ff.).

An Friederich Schiller

Des heil'gen Herzens tiefstem Grund entschweben
    Der Ideale göttliche Gestalten,
    Den Stimmen gleich der himmlischen Gewalten,
    Erstrahlen Deine Lieder in das Leben.

Dir mußte sich das junge Herz hingeben
    Da glühend ihm die starken Töne hallten;
    Ich sah des Lebens Blüten sich entfalten,
    Den Retter, Dich, in fernem Lichte schweben.

Dir wollt ich nahn in Geistes Umarmungen,
    Nach jenem Lichte wollt ich stark mich schwingen,
    O höhne nicht des Strebenden Erkühnen!

Vom Lorbeer nicht das Haupt mir zu umgrünen,
    Nicht um gemeinen Lobpreis zu erzwingen;
    Um Deines Herzens Preis hab ich gerungen.

(Adelbert von Chamisso [1804]; Chamisso 1975, S. 537)

Der unvollendet gebliebene *Geisterseher* erfährt bereits zu Lebzeiten Schillers und weiter bis ins 20. Jahrhundert Fortsetzungen und Bearbeitungen durch eine Reihe anderer Autoren; er beeinflusste Ludwig Tiecks *Geschichte des Herrn William Lovell* (1795/96), E. T. A. Hoffmanns *Die Elixiere des Teufels* (1815/16) und *Das Majorat* (1817), Gottfried Kellers *Die Geisterseher* (aus dem *Sinngedicht*, 1851) und Hugo von Hofmannsthals Romanfragment *Andreas* (1907-27).

Georg Büchner Die wohl pointierteste literarische Auseinandersetzung mit Schillers Ästhetik findet sich im Werk Georg Büchners, der die Figur des Camille in *Danton's Tod* (1835) eine Idealismuskritik *in nuce* formulieren lässt: »Schnitzt Einer eine Marionette, wo man den Strick hereinhängen sieht, an dem sie gezerrt wird und deren Gelenke bei jedem Schritt in fünffüßigen Jamben krachen, welch ein Charakter, welche Konsequenz!« (II,3, Büchner 1992, S. 44.) Ausgeführt wird die Kritik in einem berühmten Brief Büchners an seine Familie vom 28. Juli 1835: »Was noch die sogenannten Idealdichter anbetrifft, so finde ich, daß sie fast nichts als Marionetten mit himmelblauen Nasen und affektiertem Pathos, aber nicht Menschen von Fleisch und Blut gegeben haben, deren Leid und Freude mich mitempfinden macht, und deren Tun und Handeln mir Abscheu oder Bewunderung einflößt. Mit einem Wort, ich halte viel auf Goethe und Shakspeare [!], aber sehr wenig auf Schiller.« (Büchner 1999, S. 411)

Eine positivere Aufnahme finden Momente der Schillerschen Ästhetik hingegen etwa bei Heinrich Heine. Er nimmt schon mit dem Titel seines Gedichtes »Die Götter Griechenlands« aus dem *Buch der Lieder* (1827) Bezug auf Schillers Gedicht, dessen Schlussverse er am Ende des Caput XXV von *Atta Troll* (1843) annähernd wörtlich zitiert.

Heinrich Heine

> »Er [Schiller] begann mit jenem Haß gegen die Vergangenheit, welchen wir in den ›Räubern‹ sehen, wo er einem kleinen Titanen gleicht, der aus der Schule gelaufen ist und Schnaps getrunken hat und dem Jupiter die Fenster einwirft; er endigte mit jener Liebe für die Zukunft, die schon im ›Don Carlos‹ wie ein Blumenwald hervorblüht, und er selber ist jener Marquis Posa, der zugleich Prophet und Soldat ist, der auch für das kämpft was er prophezeit, und unter dem spanischen Mantel das schönste Herz trägt, das jemals in Deutschland gelebt und gelitten hat.« (Heinrich Heine, *Die Romantische Schule* [1836], S. 197 f.)

Die Wirkungsgeschichte des Schillerschen Werks ist ihrerseits zum Gegenstand von Literatur geworden. So zeigt etwa die erste Fassung von Gottfried Kellers ›Bildungsroman‹ *Der grüne Heinrich* (1854/55), anlässlich einer Festaufführung des *Wilhelm Tell*, das Scheitern des »Experiments, diesen als Inbegriff von ›Freiheit‹ in der Realität des 19. Jahrhunderts anzusiedeln« (Utz 1984, S. 90 ff.). In Wilhelm Raabes Novelle *Der Dräumling* (1871) hingegen wird die deutsche nationalistische Schiller-Rezeption ironisiert. Hier versinkt die Schiller-feier von 1859 im »Sumpf einer kleinstädtischen Krämerei«. Zugleich stellt der Text aus der ironischen Distanz die Rolle des Schiller-Zitats dar, mit dem die Bildungsbürger auch noch die banalsten Tätigkeiten emphatisch aufzuladen versuchen (Utz 1984, S. 141 ff.).

Vgl. S. 132 f.

Auch im nicht-deutschsprachigen Ausland hat Schillers Werk eine literarisch produktive Rezeption erfahren. In Frankreich und England ist sie im 19. Jahrhundert vor allem durch die *Räuber* initiiert worden: in Frankreich etwa durch die Adaptation *Robert chef de Brigands* von Jean Henri Ferdinand Lamartelière, die 1792 mit großem Erfolg im Pariser Théâtre du Ma-

1803/04 auf
Deutschlandreise:
Madame de Staël

rais aufgeführt wurde und den Ruf Schillers als Anhänger der Revolution begründete (was den Nationalkonvent dann veranlasste, Schiller das französische Bürgerrecht anzutragen).

Vgl. S. 47

Im Falle Englands geht etwa die Begeisterung Samuel Coleridges, die in eine zeit seines Lebens andauernde Auseinandersetzung mit deutscher Kultur führte und ihn die *Piccolomini* und *Wallensteins Tod* übersetzen ließ (1799-1800), von einer *Räuber*-Übersetzung aus.

Nach dem ersten Impuls durch *Die Räuber* wirkte Madame de Staël entscheidend für eine breite Schiller-Rezeption in Frankreich. 1814 erschien ihr berühmtes Buch *De l'Allemagne*, das vor allem mit seinen starken Idealisierungen über Jahrzehnte das französische Bild der Deutschen als politisch passive Dichter und Denker prägen sollte. Schiller, den sie bereits in einem Brief an ihren Vater als weltabgewandten Dichter charakterisiert hatte, war für sie vor allem dadurch gegenüber Goethe ausgezeichnet, dass er eine »Einheit von Werk und Charakter« (Hofmann 2003, S. 195 f.) verkörperte. Diese Konzeption ästhetischer Harmonie schlug sich auch in ihrer Vorliebe für die ›klassischen‹ Dramen *Maria Stuart* und *Die Jungfrau von Orleans* nieder. Dennoch wirkte Schiller gerade auf die *anti*-klassizistische Tendenz der Ästhetik Victor Hugos, dessen Versdramen *Cromwell* (1827) und *Hernani* (1830) Schiller einige Anregungen im Hinblick auf Handlungsführung, Sprache, philosophische Reflexion verdanken.

Vgl. S. 53 f.

> »Schiller hat eine ihm ganz eigene Vorstellung von der Literatur und kümmert sich um nichts anderes in der Welt. Er ist ein großer hagerer Mann, bleich und rothaarig, doch kann man bei ihm Physiognomie entdecken, was in Deutschland sehr selten ist. Er spricht sehr schlecht Französisch, doch seine Gedanken, und er hat welche, verschaffen sich immer Gehör. Sein Selbstgefühl besteht nicht, wie das der Franzosen, in Reizbarkeit oder Eitelkeit, sondern es steckt ganz in seinen Ansichten und streckt nicht grundlos den Kopf aus dem Fenster. Aus allem, was er weiß, macht er Literatur, doch nie betrachtet er die Literatur von außen; er bleibt immer auf seine Bücher oder sich selbst konzentriert; das hat mehr Originalität denn Geschmack zur Folge.« (Anne Germaine de Staël an ihren Vater, 25. 12. 1803; de Staël 1986, S. 183)

Auch in der polnischen Literatur, die sich im 19. Jahrhundert in Aneignung und Abgrenzung stark an der deutschen orientierte, spielt Schiller eine wichtige Rolle: So fasste Kazimierz Brodziński 1818 in seinem Manifest *O klasyczności i roman-*

Schiller in Osteuropa

tyczności (»Über Klassizismus und Romantizismus«) Schiller als Personifikation des wesentlich romantischen Deutschen. Adam Mickiewicz' Erzählung *Konrad Wallenrod* (1828) zeigt in der Darstellung des auserwählten Heerführers, der die nur scheinbar gemeinsame Sache verrät, Ähnlichkeiten mit dem *Fiesko*.

In Russland schließlich wurde Schiller in außergewöhnlich hohem Maße rezipiert. Dostojewski, demzufolge er »in Fleisch und Blut der russischen Gesellschaft über[gegangen]« ist (nach Boerner 1998, S. 802), hat an der produktiven Anverwandlung entscheidend mitgewirkt. In seinem Roman *Die Brüder Karamasow* (1879/80) spielen Zitate aus den *Räubern* eine entscheidende Rolle bei der Charakterisierung der Protagonisten.

Generell gilt für die Rezeption Schillers im Ausland, dass er im 19. Jahrhundert in ähnlichem Maße für den deutschen Nationalismus haftbar gemacht wurde, wie er von deutschen Nationalisten vereinnahmt wurde. Entsprechend lässt sich ein deutlicher Ansehensverlust nach dem Deutsch-Dänischen Krieg 1864 und dem Deutsch-Französischen Krieg 1870/71 beobachten – zugunsten des unpolitischeren und weniger dezidiert deutsch wirkenden ›Humanismus‹ Goethes. Das vielleicht nicht ganz unberechtigte berühmte Urteil von Robert d'Harcourt: »Goethe est Européen, Schiller est Allemand«, wirkt in der europäischen Schiller-Rezeption bis heute nach (Boerner 1998, S. 805).

Für eine kritische Auseinandersetzung mit Schiller im 20. Jahrhundert schließlich können die Beispiele Bertolt Brecht und Max Frisch stehen. Die Schiller-Bezüge, Zitate und **Bertolt Brecht** Rückgriffe auf dramaturgische Momente, in Brechts Schauspiel *Die heilige Johanna der Schlachthöfe* (1929 begonnen, 1932 veröffentlicht) bedeuten nicht einfach eine Parodie der *Jungfrau von Orleans*, sondern auch eine (sozial-)historische Kritik. Dadurch, dass etwa die Schlächter im (Schillerschen) Blankvers sprechen, die Arbeiter hingegen in freien Rhythmen, werden die klassischen Ausdrucksformen zerstört, »indem ihre soziale Funktion gezeigt wird« (Brecht, nach Schulz 1972, S. 101). Es kommt also, in Umkehrung von Schillers Beschreibung des »Kunstgeheimnisses des Meisters« in *Über die ästhetische Erziehung des Menschen* (WB, Bd. 8, S. 641), zu einer Vertilgung der Form durch den Stoff.

Auf eine Anregung Brechts von 1947/48 geht auch die Entstehung von Max Frischs Prosatext *Wilhelm Tell für die Schule* (1971) zurück. Anlass zur Niederschrift war aber dann die Tatsache, dass sich »palästinensische Attentäter« nach einem Anschlag auf dem Züricher Flughafen im Februar 1969 »nicht zu Unrecht, wenn auch zur allgemeinen Empörung«, auf Wilhelm Tell beriefen (Frisch 1976, S. 467). Frischs Text, reichhaltig mit historiographischen Fußnoten (die auch auf Schiller sowie seine Quellentexte verweisen) versehen, ist eine »entmythologisierende Kontrafaktur« von Schillers Drama (Frühwald/Schmitz 1977, S. 100), die den idealisierten Tell an der Schweizer Realität bricht. Frisch zufolge, der mit seinem Text in der Schweiz teilweise heftig polemisierende Kritik provozierte, ist (Schillers) Tell ein »asoziales Wesen«, das »aus seinem privaten Koller heraus« losschlägt – ohne Rücksicht auf die politischen Interessen der anderen (zit. n. Frühwald/Schmitz 1977, S. 85).

Max Frisch

> »Wahrscheinlich Konrad von Tillendorf, ein jüngerer und für seine Jahre dicklicher Mann, damals wohnhaft auf der Kyburg, vielleicht auch ein anderer, der Grisler hieß und in den gleichen Diensten stand, jedenfalls aber ein Ritter ohne Sinn für Landschaft ritt an einem sommerlichen Tag des Jahres 1291 durch die Gegend, die heute als Urschweiz bezeichnet wird. Wahrscheinlich herrschte Föhn; das Gebirge, das der dickliche Ritter vor sich sah, schien näher als nötig.« (Max Frisch, *Wilhelm Tell für die Schule*; Frisch 1976, S. 407)

Frisch entzaubert den Schweizer Nationalhelden dadurch, dass er Erhabenheit auf die stets nahe liegende Banalität reimt. Indem er Quellen gegeneinander liest, exzessiv auf Unsicherheiten namentlicher Identifikationen hinweist, durch absurde Details ironische Konkretionen vornimmt, formuliert Frisch (post-)moderne Zweifel an der geschichtlichen Überlieferung selbst; damit radikalisiert er Schillers konstruktiven Geschichtsbegriff: »Alles, womit die Historiker mit sehr viel mehr Wissen, als ich es habe, arbeiten, ist zum Teil sehr schwach belegte Fiktionalität; sie dichten, ohne zuzugeben, daß sie dichten.« (Zit. n. Frühwald/Schmitz 1977, S. 87)

An einer Nahtstelle zwischen Literatur und Politik steht Thomas Mann, der 1955, zu Schillers 150. Geburtstag, – wie schon 1949 anlässlich von Goethes 200. Geburtstag – in beiden Teilen Deutschlands dieselbe Rede hielt. Sie wirkte aber kaum verbindend, sondern wurde bruchlos in die jeweiligen Rituale der polarisierenden propagandistischen Aneignung eingefügt (Nutz 1990, S. 16 ff.). Mann schlägt nicht nur in der Betonung des Schillerschen (Arbeits-)Ethos den Bogen zu *Schwere Stunde*, sondern auch intertextuell, benutzt er hier doch dieselben wenigen, »inzwischen reichlich veralteten« literarhistorischen Quellen (Reed 2001, S. 105). Manns Rede, deren Langfassung 1955 in Buchform erschien, summiert die Schiller-Rezeption des 19. Jahrhunderts, deren Pathos sie ungebrochen verdoppelt: »Von seinem sanft-gewaltigen Willen gehe durch das Fest seiner Grablegung und Auferstehung etwas in uns ein: von seinem Willen zum Schönen, Wahren und Guten, zur Gesittung, zur inneren Freiheit, zur Kunst, zur Liebe, zum Frieden, zu rettender Ehrfurcht des Menschen vor sich selbst.« (Mann 1955, S. 104)

margin note: **Vgl. S. 139 f.**

Musik und Bühne

Am 21. Oktober 1800 schreibt Schiller an Körner, »An die Freude« sei ein »schlechtes Gedicht« und es sei nur der Tatsache, dass es »einem fehlerhaften Geschmack der Zeit entgegen kam«, zu verdanken, dass es »die Ehre erhalten [habe], gewissermaßen ein Volksgedicht zu werden« (WB, Bd. 12, S. 538). Das neben dem »Lied von der Glocke« wohl populärste Gedicht Schillers hat bereits zu dessen Lebzeiten annähernd 50 Vertonungen erfahren – darunter durch Körner selbst, durch Zelter und Franz Schubert. Beethoven fasste die Idee zu einer Vertonung offenbar bereits im Jahr 1793, aber erst am 7. Mai 1824 fand in Wien die Uraufführung seiner IX. Symphonie, deren Chorfinale Teile des Schillerschen Gedichtes vertont, statt.

margin note: **Beethovens IX. Symphonie**

Die Rezeptionsgeschichte der Symphonie ist auch die Geschichte der ideologischen Indienstnahme einer als herausragend geltenden Verbindung von Wort und Musik. Zwischen 1905 und 1933 spielte die Symphonie eine wichtige Rolle in der Arbeitermusikbewegung und wurde im Sinne einer proletarischen Verbrüderung vereinahmt; ebenfalls der Arbeiterkulturbewegung entstammt die Tradition, die IX. Symphonie zu Silvester aufzuführen, die auf ein Leipziger Konzert zum Jahreswechsel 1918/19 zurückgeht. Auch die Nationalsozialisten instrumentalisierten sie für ihre Zwecke – trotz des deutlichen Widerspruchs der Formel »Alle Menschen werden Brüder« zur Ideologie der Herrenrasse wie zur brutalen Expansionspolitik (Eichhorn 1993, S. 321 ff.).

Bei der Aufführung am 25. Dezember 1989 im Berliner Schauspielhaus ließ Leonard Bernstein, zur Feier der Öffnung der Berliner Mauer, statt der »Freude« die »Freiheit« als »schönen Götterfunken« besingen. Die Idee, »Freude« durch »Freiheit« zu ersetzen, ist dabei durchaus nicht neu; sie geht zurück auf die Novelle *Das Musikfest oder die Beethovener* von Wolfgang Robert Griepenkerl aus dem Jahre 1838.

Schillers Gedichte sind im Vergleich zu jenen Goethes, Eichendorffs, Heines, Mörikes und Rückerts nicht sehr häufig vertont worden, und mit Ausnahme Schuberts haben sich auch die Romantiker selten mit Liedkompositionen nach Schiller beschäftigt (Brusniak 1998; Huschke 1993). Die – neben Beethovens IX. Symphonie – populärste Vertonung stammt von Christian Jakob Zahn, dessen »Reiterlied« (aus *Wallensteins Lager*) im 19. Jahrhundert regelrecht zum Volkslied wurde.

**Gedicht-
vertonungen**

Auch bei den Opernbearbeitungen Schillerscher Dramen – es sind über 50 – wird immer wieder auf die »hohe Gedanklichkeit« der Texte und deren »Neigung zur philosophischen Reflexion« verwiesen, die eine Vertonung erschweren (Marggraf 1993, S. 16). Daneben gibt es nicht weniger als 17 Opern, die Balladen Schillers als Vorlage haben.

Während im ersten Jahrzehnt nach Schillers Tod von seinen Dramen nur *Wilhelm Tell* vertont wurde – 1810 von Adalbert Gyrowetz –, wirkte Schiller vor allem auf italienische Opern-

**Opern nach
Schillers Dramen**

Marbach am Neckar, Schillerhöhe. Hier wurde 1903 das Schiller-Nationalmuseum als Museum für Schiller und schwäbische Dichter eingeweiht.

komponisten anregend: Fast die Hälfte aller Opern nach Schillerschen Dramen stammen von Italienern – darunter Donizetti, Rossini und Verdi. Dass Schiller vor allem im Italien des 19. Jahrhunderts auf die Opernbühne gebracht wurde (zwischen 1813 und 1876 entstanden etwa 19 Opern nach Dramen Schillers), mag auch daran liegen, dass die geschichtliche Situation Italiens, das ebenfalls in eine Vielzahl von unfreien Staaten zersplittert war, eine Affinität zu Schillers Stoffen und dem Moment der Freiheit (auf das die Dramen oft schlagwortartig reduziert wurden) herstellte (Marggraf 1993, S. 17 ff.).

Das Libretto von Gioacchino Rossinis *Guillaume Tell* (1829 in Paris uraufgeführt) hält sich weitgehend an Schillers *Tell*. Einzige bedeutendere Änderung ist, dass Bertha von Bruneck durch Mathilde Prinzessin von Habsburg ersetzt wird, an die sich die, für Opern seinerzeit unverzichtbare Liebeshandlung knüpft. Gaetano Donizettis *Maria Stuarda* (1834) hingegen folgt nur in den äußeren Handlungszügen der Schillerschen Vorlage.

Verdi Von Verdi stammen neben dem *Don Carlos* (1867/84) zwei weitere Opern nach Dramen Schillers. (Seine *Giovanna d'Arco* [1845] hat mit Schillers *Jungfrau von Orleans* lediglich das berühmte Sujet gemein.) Das von Andrea Maffei stammende Libretto seiner *Masnadieri* (1847) bleibt dabei sehr nah an den *Räubern* – freilich in stark komprimierter Form. Dabei zeigt sich, »daß die Reduzierung eines Schillerschen Stückes auf die bloße Fabel zu einem recht äußerlichen, wilden Spektakel führt« (Marggraf 1993, S. 23).

Indem der Librettist von *Luisa Miller* (1849), Salvatore Cammarano, die Handlung nach Tirol verlegt (wohin der habsburgische »Zwingherr Walter« gereist ist) und den positiven Figuren italienische Namen gibt (während die Schurken ihre »teutonisch-kakophonen Ausländernamen« behalten), überführt er die »sozialkritische Botschaft des bürgerlichen Klassenkämpfers Schiller« in den »patriotischen Appell des italienischen Freiheitskämpfers Verdi« (Fricke 1985, S. 104).

Während auch Tschaikowsky eine Oper nach der *Jungfrau von Orleans* komponierte (1879), wurde erst 1957 eine deutsche Schiller-Oper (*Die Räuber* von Giselher Klebe) uraufgeführt; 1976 folgten vom selben Komponisten *Das Mädchen aus Domrémy* (nach der *Jungfrau von Orleans*) sowie *Kabale und Liebe* von Gottfried von Einem.

In den ersten Jahren nach Schillers Tod wurden seine Dramen auf den deutschen Bühnen zwar häufig gespielt – aber nicht so häufig, wie die überlieferte Begeisterung des Publikums (und des Feuilletons) erwarten ließe. Bei dieser spielten wohl zwei Vorlieben eine entscheidende Rolle: diejenige für das Pathos und die großen Handlungen Schillerscher Dramen sowie diejenige für pompöse Unterhaltungsspektakel. Beides musste sich nicht unbedingt widersprechen, wie das Beispiel der *Jungfrau von Orleans* zeigt, an der den Berliner Zuschauern die prachtvolle Inszenierung des Krönungszugs so sehr gefiel, dass kolportiert wurde, Iffland plane, eine abendfüllende Prozession zu geben – ohne das restliche Stück.

1870/71 lassen sich noch deutliche Tendenzen zur politischen Aktualisierung Schillerscher Dramen nachweisen. Theodor Fontane berichtet von einer *Tell*-Aufführung im August 1870,

Schillers Dramen auf der Bühne

in der die von »nationaler Erhebung« geprägte »Tagesstimmung« durchgeschlagen habe (zit. n. Oellers [Hg.] 1976, S. 57).

In der Weimarer Republik gab es wenige Versuche, Schiller für das politische Theater, das wesentlich von Brecht bestimmt wurde, nutzbar zu machen; zu ihnen gehörte Erwin **Erwin Piscator** Piscators *Räuber*-Inszenierung von 1926. Der Schauspieler und Regisseur Leopold Lindtberg erinnert sich: »Karl und Franz Moor sprachen ihre Monologe gleichzeitig in präziser rhythmischer Abstimmung, die Bande war ein Haufen von außer Rand und Band geratenen Asozialen; bei Rollers Befreiung spielten sie auf modernen Jazzinstrumenten. Franz trug nach seiner ›Machtergreifung‹ Offiziersuniform und Amalia entwand ihm statt des Degens seinen Revolver. Spiegelberg wurde in der Maske von Leo Trotzki [...] als scharfsinniger Ideologe gespielt. (Man schrieb 1926 und Trotzki war noch nicht in Acht und Bann.) Zu seiner Sterbeszene intonierte eine einsame Flöte die ›Internationale‹.« (Lindtberg 1984, S. 19)

Im Dritten Reich Im nationalsozialistischen Staat spielte das Theater eine wichtige Rolle: als Instrument der Propaganda ebenso wie als Mittel der Unterhaltung, wobei der zweitgenannte Aspekt in den Jahren der sich abzeichnenden Kriegsniederlage immer wichtiger wurde. Seit 1933 erfuhren die deutschen Theater eine finanzielle Förderung in vorher nie erreichter Höhe. Die NS-faschistische Theater-›Theorie‹ berief sich dabei oft auf Schillers Begriff der »Schaubühne als moralischer Anstalt«, pervertierte dabei aber dessen Sinn, denn ein Auftrag zur völkischen Erziehung lässt sich aus Schillers Konzept nicht herauslesen. Das von den Nationalsozialisten geforderte ›Nationaltheater‹ sollte Ausdruck der Volksgemeinschaft sein, woran Aufführungen der Organisation ›Kraft durch Freude‹, Ermäßigungen für sozial Schwache und Partei-Sondervorführungen mitwirken sollten. Das in der Zeit von 1933/34 bis 1942/43 auf den Bühnen des Deutschen Reiches insgesamt am meisten gespielte Drama Schillers war *Kabale und Liebe*. Während es in den Spielzeiten 1933/34, 1934/35 und 1938/39 noch von *Wilhelm Tell* übertroffen wurde, sanken dessen Aufführungszahlen ab der Spiel-
Vgl. S. 137 f. zeit 1939/40 deutlich, weil sich die Bedenken, die schließlich

zum Verbot führten, durchzusetzen begannen (Ruppelt 1979, S. 102 ff.).

Heftig gestritten wurde auch um die Entscheidung zwischen ›Werktreue‹ und ›Zeittreue‹. Während in den ersten Jahren der NS-Herrschaft besonders der *Wilhelm Tell* Objekt platter Aktualisierungen (durch Bühnenbild, Kostüm, aber auch durch Texteingriffe) wurde, bot das Argument der geforderten Treue gegenüber dem Werk, die Aktualisierungen untersagte, die Möglichkeit, den politischen Forderungen auszuweichen. Bei Aufführungen von *Dom Karlos* hingegen soll es, einer Reihe von Berichten zufolge, nach Posas berühmten Worten »Geben Sie Gedankenfreiheit« zu teilweise Minuten langem Szenenapplaus gekommen sein, was von den Emigranten mit großer Aufmerksamkeit – als Zeichen eines ›anderen Deutschlands‹ und Versprechen einer besseren Zukunft – verfolgt worden sei (Ruppelt 1979, S. 112 ff.).

Die Geschichte der Schiller-Inszenierungen nach dem Zweiten Weltkrieg spiegelt die Geschichte der Bundesrepublik ebenso wider wie den Ost-West-Gegensatz. Die Bühnenrezeption seiner Dramen bewegt sich dabei zwischen der Auffassung des Dramentextes als bestimmender Vorgabe oder als frei verfügbares Spielmaterial.

Nach dem Ende des Krieges war nicht nur die materielle Not groß, sondern auch das Bedürfnis nach Sinnstiftung. Es kam in einer heute noch erstaunlichen, ja irritierenden Geschwindigkeit zu einer scheinbaren »Auferstehung der Kultur« (Theodor W. Adorno), die allerdings bald in eine wenig innovationsfreundliche, wenn nicht restaurative Normalität mündete. Der Hunger nach Kultur, der auch ein Hunger nach dem Theater war, führte zur behelfsmäßigen Wiederaufnahme des Spielbetriebs in beschädigten Theatern und Ausweichquartieren; daneben sind eine Vielzahl von Neugründungen an Orten beobachtbar, die vorher über kein eigenes Theater verfügten. Gespielt wurden vor allem Produktionen zeitgenössischer ausländischer Dramatik, die zum Teil von den Besatzungsmächten gefördert wurden, und Dramen der ›klassischen‹ deutschen Literatur – auch weil diese vermeintlich vom NS-Faschismus unberührt geblieben war.

»Auferstehung der Kultur«?

Auf Gustaf Gründgens' Inszenierung der *Räuber* im Berliner Staatsschauspiel folgten bereits in der Spielzeit 1945/46 zwei Inszenierungen von *Kabale und Liebe* in den Westsektoren Berlins; insgesamt gab es in dieser ersten Nachkriegsspielzeit in Deutschland 23 Schiller-Inszenierungen, 1946/47 waren es 79 im deutschsprachigen Raum. Schiller wurde danach, zumindest in den Westzonen bzw. der Bundesrepublik, zum meistgespielten deutschen Klassiker, lediglich Shakespeare wurde öfter gespielt; um 1965 verlor Schiller diesen zweiten Platz an Brecht.

Aktualisierungen In der unmittelbaren Nachkriegszeit gab es offenbar vereinzelte Versuche, Schillersche Dramen radikal – durch Texteingriffe und etwa Verzicht auf historisierende Ausstattung – zu aktualisieren: So agierten in der *Räuber*-Inzenierung von Hannes Razum am Deutschen Schauspielhaus Hamburg (1948) die Personen auf kahler Bühne in umgefärbten Wehrmachtsuniformen, und noch 1951 brachte Heinz-Dietrich Kenter in Heidelberg *Wilhelm Tell* auf die Bühne – ohne fünften Akt, im Bewusstsein, dass die Zeitgenossen, so Kenter, angesichts der Zeitgeschichte »für ›malerische Gruppierungen‹ jeden Sinn verloren haben«. Letztlich setzte sich aber die »Übermacht ›werktreuer‹ Inszenierungen« durch – produziert von der Generation der inneren Emigranten, begeistert rezipiert von einem »restaurativ-bürgerlich gesinnten Publikum« (Piedmont 1990, S. 3).

Enthistorisierung Beobachtbar ist in dieser Phase der Rezeption Schillers auf der bundesdeutschen Bühne eine Enthistorisierung, die parallel zu einer »Entpathetisierung« verläuft; einfache Bühnenbilder begünstigen die »Konzentration auf das geistige Konzept und das gesprochene Wort« (Piedmont 1990, S. 4). Gegen solche Formen der ›Überzeitlichkeit‹ wenden sich vor allem die zurückgekehrten Emigranten wie Erwin Piscator und Fritz Kortner, zuweilen auf aggressive Weise. Kortner etwa lässt im fünften Akt seiner *Don-Carlos*-Inszenierung (Berlin 1950) Gewehrsalven von der Bühne ins Publikum feuern: um die neuen autoritären Strukturen durch Parallelisierung mit dem reaktionären Spanien auf der Bühne aufzuzeigen. Piscator hingegen provozierte ein weitgehend an der Verwaltung des

»Wallenstein«-Inszenierung von Hans Lietzau am Berliner Schiller-Theater, 1957. In der Titelrolle: Walther Frank

›klassischen‹ Erbes interessiertes Publikum durch technische Anleihen bei Brechts Konzept des Epischen Theaters. Beide Regisseure setzten mit ihren Konzepten Maßstäbe für die Schiller-Rezeption der nächsten Jahrzehnte.

In den 60er und 70er Jahren wirkten sich die gesellschaft-lichen Entwicklungen, das Aufbegehren gegen eine allzu schnell allzu selbstverständlich gewordene Normalität des er-folgreichen Wiederaufbaus im Zeichen des ›Wirtschaftswun-ders‹, auch auf die Bühnenpraxis aus: Die Werktreue wurde weitgehend aufgekündigt, für das Theater wurde vehement das souveräne Recht auf eine eigene Ästhetik eingefordert.

Die 60er und 70er Jahre

Um sich von den Vertretern der ›Werktreue‹ abzusetzen, aber auch um das Spannungsverhältnis zwischen Vergangenheit und Gegenwart zu pointieren, scheuten solche Inszenierun-gen nicht vor dramaturgischen Eingriffen in die Texte zurück, die sie ›gegen den Strich spielen‹ wollten. Die jüngere Genera-tion der Regisseure interessierte sich in den 60er Jahren ver-stärkt für Schillers frühe Dramen: weil sich aus ihnen ein deut-licherer rebellischer Gestus herauslesen ließ. Aber auch die späten, ›klassischen‹ Dramen ließen sich provokativ auf die

Bühne bringen: so der *Wilhelm Tell* in Hansgünther Heymes Wiesbadener Inszenierung von 1965, in der die Schweizer als »rohe faschistoide Rotte« und Tell als »wüster Heckenschütze« auftraten – mit dem Ziel, ein »von autoritären Ideologien miß-brauchtes Literatur-Denkmal« (das gilt für Nazi-Deutschland ebenso wie für die DDR) zu stürzen. 1968 war dann geradezu ein *Räuber*-Jahr: Eine Reihe von Aufsehen erregenden, das Pu-blikum heftig polarisierenden Inszenierungen des Schiller-schen Erstlingsdramas trug den gesellschaftlichen Umbruch der Studentenproteste und der APO in die Theater (Pied-mont 1990, S. 8 f.).

SBZ und DDR In der SBZ bzw. DDR war von 1945 bis 1949 Lessings *Na-than der Weise* das meistgespielte Drama. Daneben wurden vor allem Dramen von Goethe und Schiller gegeben, beson-ders beliebt war *Kabale und Liebe*. Auch die Jubiläumsjahre 1955 und 1959 wurden mit Theaterproduktionen begangen, jeweils am Deutschen Theater Berlin als »führender Pflege-stätte der klassischen Werke«: 1955 mit *Kabale und Liebe*, 1959 mit dem *Wallenstein*.

In den 60er Jahren dann ließ in der DDR das Interesse an Schillers Dramen nach. 1971 inszenierten Manfred Karge und Matthias Langhoff an der Volksbühne, deren Intendant der Brecht-Schüler Benno Besson war, *Die Räuber* – mit gro-ßem Zuspruch beim jüngeren Publikum, der von der Kritik eher beargwöhnt wurde. Das Theater der DDR begann, sich von der offiziellen Doktrin des klassischen ›Erbes‹ zu lösen. Mit der Ausbürgerung Wolf Biermanns im November 1976, der die Ausreise von vielen ›Kulturschaffenden‹ folgte, endete eine etwa fünfjährige Phase einer begrenzten Öffnung der Kulturpolitik. Auf der Leipziger Kulturkonferenz der FDJ vom Oktober 1982 wurde dann die Aktualisierung klassischer Dramen pauschal verworfen (Roßmann 1990, S. 291 ff.).

Zwar spielte Schillers 225. Geburtstag 1984 im kulturellen Le-ben der DDR noch eine wichtige Rolle – 15 Schillerinszenie-rungen sollten die Behauptung stützen, der sozialistische Staat knüpfe bruchlos an die humanistischen Ideale Schillers an –, aber auch mit dem Theater der DDR war danach kein Staat mehr zu machen.

Öffentliches Leben

Schillers politische Wirkungsgeschichte ist eine weitgehend antiliterarische – weil in ihr Schillers Texte meist gerade nicht als Literatur, sondern als Quellen von Wahrheiten aufgefasst werden, die oft ohne Beachtung der Frage, wer spricht und in welchem Kontext das Gesagte steht, zitiert und funktionalisiert werden. Dies hängt zusammen mit einer besonderen Eigenschaft der Schillerschen Texte, die bereits die Zeitgenossen wahrnehmen: mit der, wie Clemens Brentano 1811 bemerkt, zuweilen »sentenziösen reflektierenden Diktion«, die gerade die »Philister« dann »in lauter Stammbuchstückchen zerknicken und verschlingen können«. Für Ludwig Tieck handelt es sich bei »diesen Monologen, Schilderungen und lyrischen Ergüssen« gar um »Verstöße gegen das Theater«, weil sie die Dramen »ganz in Rede, Gesinnung und Situation« verwandeln. Diese »berühmten Stellen« fordern nicht nur dazu auf, vom ›gebildeten‹ Publikum wiedererkannt und zuweilen lautstark beklatscht zu werden, sie bieten sich auch zur isolierten Applikation in vor allem außerliterarischen Bereichen an, etwa in der Politik (Gerhard 1994, S. 26 f.).

Zunächst aber werden die ›Stellen‹ für den Alltag und seine Bewältigung verfügbar gemacht. Schon 1806 erscheint in Leipzig eine Sammlung von *Schiller's Aphorismen, Sentenzen und Maximen, über Natur und Kunst, Welt und Mensch*, in denen weniger Sentenzen Schillers als vielmehr Gedichtzitate und Figurenrede, ohne Angaben von Ursprung oder Kontext, sortiert nach Kategorien wie »Welt- und Menschenkunde«, »Das weibliche Geschlecht« oder »Tugend«, dem Leser als zu beherzigende Lebensweisheiten an die Hand gegeben werden. Weitere Veröffentlichungen folgen, in denen Textfragmente für verschiedene Themenbereiche zugeschnitten werden. Und nur folgerichtig ist es, dass eine Unzahl von Schiller-Zitaten Aufnahme in den *Citatenschatz des deutschen Volkes*, Georg Büchmanns *Geflügelte Worte*, gefunden hat, die 1864 zum ersten Mal erschienen und in denen Schiller mit 24 Seiten Zitaten deutlich vor Goethe mit 15 Seiten liegt (alle anderen Autoren folgen weit abgeschlagen). Effekt einer solchen Praxis ist, dass Schiller als »Verfasser von Sentenzen« und seine

Schiller-Zitate für jeden Zweck

Texte als bloßes »Beiwerk zu seinen Kernsprüchen und Lebensweisheiten« erscheinen (Oellers 1967, S. 309).

Eine beliebte Praxis des 19. Jahrhunderts stellten die Deklamationen dar, die entweder im geselligen oder familiären Rahmen, als Form der rhetorischen Schulung oder als öffentlicher Vortrag durchgeführt wurden. Neben Monologen aus Schillers Dramen war hier »Das Lied von der Glocke« besonders beliebt. Auch gemeinsames Lesen von Schillerschen Dramen mit verteilten Rollen in Familie, Freundeskreis und bei Teegesellschaften spielt eine Rolle bei der Konstitution des (Bildungs-)Bürgertums.

Schiller und die deutsche Nation Das 19. Jahrhundert prägt auch den Mythos Schillers als eines Führers auf dem Weg zur Befreiung und nationalen Einigung. Das bedeutet zunächst, dass Schiller, spätestens in der Rückschau, in Verbindung mit den so genannten ›Befreiungskriegen‹, also den militärischen Aktionen gegen Napoleon der Jahre 1813-15, gebracht wird. Tatsächlich lässt sich nachweisen, dass schon in dieser historischen Situation die Dramen Schillers, die sich als Darstellungen heldenhaften Soldatentums missverstehen lassen – *Wallensteins Lager, Die Jungfrau von Orleans, Wilhelm Tell* –, auf dem Theater häufiger gespielt wurden als zu anderen Zeiten. Von zeitgenössischen Beobachtern wird berichtet, dass auch hier wieder berühmte Textstellen eine entscheidende Rolle spielten, wenn einzelne Formulierungen, die sich sentenzhaft auf die aktuelle Situation beziehen ließen, mit Szenenapplaus bedacht wurden.

Auch bei den Burschenschaften, die sich zu Anfang des 19. Jahrhunderts als Vorkämpfer der nationalen Einigung verstanden und meist ein national-liberales Programm vertraten, spielte Schiller eine wichtige Rolle. In Lieder- und Kommersbüchern sowie in studentischen Stammbüchern (einer Art von Poesiealben, die der Festigung von Freundschaftsbünden diente) wurden immer wieder Texte Schillers abgedruckt bzw. eingetragen. Beim Hambacher Fest, der ersten demokratischen Massenveranstaltung in Deutschland, das Ende Mai 1832 stattfand, wurde ebenfalls ein Text Schillers, der Rütlischwur aus *Wilhelm Tell*, an prominenter Stelle zitiert (Gerhard 1994, S. 130 ff.).

Auch die Abgeordneten der von Mai 1848 bis März 1849 bestehenden, in der Frankfurter Paulskirche tagenden Nationalversammlung, des ersten demokratischen Parlaments auf deutschem Boden, führen Schiller häufig im Munde. Erneut ist es der Rütlischwur, der wieder und wieder zitiert wird, daneben die Formel vom »Männerstolz vor Königsthronen« aus dem Lied »An die Freude« und Marquis Posas »Geben Sie Gedankenfreiheit«. Bemerkenswert ist dabei, dass Schiller von Vertretern aller politischen Richtungen und von völlig verschiedenen Positionen aus funktionalisiert wird. Für dieses Verfahren attraktiv sind die Schillerschen Texte offenbar vor allem wegen der pathetischen Prägnanz der Formulierungen. Zum anderen führen solche Formen des Umgangs mit Texten auch zu einem durch Rückkopplung verstärkten Automatismus: Zitiert wird dann das immer schon Zitierte, und die Wiedererkennung richtet sich immer stärker auf das Zitat und in immer geringerem Maße auf den Ursprungskontext des Zitierten (Gerhard 1994, S. 174 ff.). Zitate aus Schillerschen Texten werden zunehmend zu ›geflügelten‹ Worten, zuletzt zu bloßen Sprichwörtern, denen noch anzusehen ist, dass sie aus prominenter Quelle stammen, aber kaum noch, aus welcher.

Das Paulskirchenparlament

Dieser Mechanismus ist auch den Zeitgenossen des 19. Jahrhunderts nicht verborgen geblieben. So findet sich in Fritz Reuters Mundartroman *De Reis nah Konstantinopel* (1868) eine Szene, in der Mecklenburgische Bauern sich bei einer Aufführung des *Dom Karlos* darüber wundern, dass der berühmte Text mit »solchen alten, abgedroschenen Redensarten« aufwartet, wie sie ihnen aus ihrem eigenen Alltag geläufig sind. Auch dieses Textfragment verselbständigt sich und wird dann als Anekdote über Kaiser Wilhelm II. erzählt (Gerhard 1994, S. 233).

Das 19. Jahrhundert ist aber auch das Jahrhundert der Konzentration auf eine nationale Geschichte als Kulturgeschichte. Angesichts des als demütigend empfundenen Umstands, dass die doch so große Kulturnation immer noch zu keiner staatlichen Einheit gefunden hat, kommt Projekten, die sich der Vorwegnahme der politischen Einheit im Reich des Geistes verschreiben, entscheidende Bedeutung zu. Die sich herausbil-

19. Jahrhundert

dende Wissenschaft von der deutschen Literaturgeschichte arbeitet fleißig mit an der Konstruktion einer deutschen literarischen ›Klassik‹, aus der die geistige Vormachtstellung Deutschlands abgelesen werden soll.

Schillerfeiern   Eine wichtige Rolle spielen dabei auch die Dichterfeiern als säkulare Form des Gottesdienstes. Schillerfeiern gibt es in Württemberg seit dem 9. Mai 1825, Schillers 20. Todestag, der vom Stuttgarter ›Liederkranz‹ begangen wird. Aus ihm heraus bildet sich dann ein ›Verein für Schillers Denkmal‹ (der später zum Stuttgarter Schillerverein wird). Die Enthüllung des Schiller-Denkmals in Stuttgart, das auch als Nationaldenkmal dienen soll, am 8. Mai 1839 wird als national-religiöses Fest begangen – was besonders von der lutherischen Orthodoxie heftig kritisiert wird.

In den 1840er Jahren hatten die Schillervereine, als ›liberal‹ verdächtigt, beständig mit Zensurmaßnahmen und Verboten ihrer Feiern zu kämpfen. Während sich die allgemeine Politisierung der Gesellschaft bis zum Jahre 1848 auch in einem abnehmenden Interesse an Literatur niederschlug, blieb Schiller »als politischer und nationaler Dichter in aller Munde«. 1850 erschien in Berlin ein *Schiller-Almanach auf alle denkwürdigen Ereignisse der Jahre 1848 und 1849*, in dem die »politische Prophetie der Schillerschen Dichtung« dadurch belegt werden soll, dass »den Ereignissen jedes Tages der 48er Revolution ein oder mehrere Zitate aus Schillers Dichtungen zu[ge]-ordnet« werden.

Einen weiteren Höhepunkt erreichte der Schillerkult dann bei **1855** den Feiern zum 50. Todestag 1855. Und zum »größten Fest, das in Deutschland jemals zu Ehren eines Dichters gefeiert wurde«, geriet das Schillerfest zum 100. Geburtstag. Drei Tage lang wurden quer durch alle Gesellschaftsschichten (mit Ausnahme der Bauern, katholischen Geistlichen, Offiziere und des Adels) gefeiert: Denkmäler wurden errichtet, Festreden gehalten, Theaterstücke aufgeführt, Lieder gesungen (Noltenius 1984, S. 74 ff.).

1859   Im Vorfeld der Feiern von 1859 war besonders die Berliner Obrigkeit höchst alarmiert und versuchte, die Feierlichkeiten lediglich im Rahmen geschlossener Veranstaltungen abhalten zu lassen – man hatte Grund zur Befürchtung, dass die Schillerfeier zugleich als Gedenkfeier für Robert Blum dienen sollte, der am 9. November 1848 hingerichtet worden war und als revolutionärer Märtyrer galt. Die Grundsteinlegung für das Schillerdenkmal auf dem Gendarmenmarkt fand dann tatsächlich unter massiver Polizeipräsenz und unter Ausschluss der Öffentlichkeit statt; am Abend desselben Tages kam es zu einer Demonstration der Arbeiter und Handwerker, womit der ihnen verbotene Schillerfestzug nachgeholt wurde. (Das Denkmal von Reinhold Begas wurde 1871 eingeweiht.)

Während in Preußen seit 1854 angehenden Volksschullehrern die klassische Literatur sogar als Privatlektüre verboten war, stiftete Prinzregent Wilhelm am 9. November 1859 einen im Dreijahresturnus zu vergebenden Schillerpreis für neue dramatische Dichtkunst – offenbar ein Versuch, »das Fest als eine rein literarische Ehrung [zu] deklarieren« und dadurch politisch zu entschärfen (Noltenius 1984, S. 81).

Nach Verwirklichung der staatlichen Einheit 1871 übernahm

Das Schiller-Denkmal auf dem Berliner Gendarmenmarkt

»Bismarck die vorher ideell Schiller zugewiesene Führungsrolle« und wurde als »Vollender des Klassikers« mythisiert (Albert 1994, S. 14). Schiller hingegen wurde in der Rezeption zunehmend zum kleinbürgerlichen Moralisten verwandelt und im Schulunterricht trivialisiert, so dass Nietzsches spöttisches Wort vom »Moral-Trompeter von Säckingen« (zit. n. Oellers [Hg.] 1976, S. 75) die zeitgenössische Rezeption Schillers in höherem Maße trifft als diesen selbst.

1905 Die Feiern zur 100. Wiederkehr des Todestages 1905 zeigen dann nur noch ein müdes Wiederaufflackern der Begeisterung, die sich am 100. Geburtstag entfacht hatte. Schiller war vom Autor eines Bürgertums, das sich seiner mühsam errungenen Souveränität und Identität versichern musste, zum Autor des Bildungsbürgertums, das seinen kulturellen Besitzstand wahren wollte, geworden. Eine besondere Rolle spielten die Feiern des Jahres 1905 aber für die Sozialdemokratie, deren »Schillerverehrung« als »Wiederaufnahme einer bürgerlichen Praxis« charakterisiert werden kann: als Zitat der seit 1859 verfestigten Topoi (Hagen 1977, S. XXIX).

In den ersten Jahrzehnten des 20. Jahrhunderts ist eine »Monumentalisierung« Schillers beobachtbar, die ihr Augenmerk (noch) weniger auf die Texte Schillers richtet als auf seine Person – oder richtiger: auf das Bild, das man sich von ihm machte (Albert 1998, S. 774). In einer 1910 gehaltenen Theaterrede über Schiller empfiehlt etwa der Dramaturg und Schriftsteller Herbert Eulenberg seiner »heroenarmen« Zeit Schiller als Vorbild: »Das große Bild Schillers, der mit der Geduld eines christlichen Märtyrers die geistige Überlegenheit eines Stoikers im Ertragen des Lebens und Leidens vereinte, mag uns über den heutigen Mangel an Helden, ja an Männern in Deutschland hinwegtrösten. Eine Ergänzung des Daseinsideals *Goethe* durch dasjenige, das Schillers Leben uns weist, muß in unserer Zeit nur erwünscht sein [...].« (Zit. n. Oellers [Hg.] 1976, S. 256 f.)

In den späten 1920er und 1930er Jahren kommt es zu einer Wiedergeburt Schillers im politischen Raum: als »Seher« und »Führer«, schließlich als Vorläufer der NS-Ideologie. Als eine »prototypische Aufbruchs- oder Protestgestalt« eignete sich Schiller in hohem Maße dazu, die so genannte national-sozialistische »Revolution« zu symbolisieren. An dieser ideologischen Vereinnahmung war die germanistische Literaturwissenschaft in vorderster Front beteiligt. In deren zum Teil erbittert geführten Flügelkämpfen ging es dann nicht nur um die Deutungshoheit über das Schillersche Werk, sondern auch um die »gültige Definition des ›deutschen Menschen‹« (Albert 1994, S. 50 ff.).

Schillers 175. Geburtstag am 10. November 1934 bot den NS-Faschisten eine willkommene Gelegenheit, die angeblichen Gemeinsamkeiten Schillers mit dem NS-Faschismus in Szene zu setzen, sich vom Ruch des Banausentums zu befreien und sich selbst als Erben des klassischen Dichters einzusetzen – zumal dem Gedenktag der Tag der Erinnerung an den ›Marsch zur Feldherrnhalle‹ unmittelbar voranging. Zum Abschluss der »Reichsschillerwoche« in Weimar, die damit begann, dass bei einer Freilichtaufführung von *Wallensteins Lager* ein 600-köpfiger Knabenchor das »Reiterlied« vortrug, fand eine Kranzniederlegung in der Fürstengruft (in Anwesenheit der Großherzogin und des Erbprinzen-Paares) statt, der abends ein feierlicher Staatsakt im Deutschen Nationaltheater folgte. Gespielt wurden Beethovens IX. Symphonie und die *Leonoren*-Ouvertüre. Propagandaminister Josef Goebbels hielt die Festrede, in der Schiller zum Vorläufer Hitlers stilisiert wurde. Hitler war selbst anwesend – ganz gegen seine sonstige Gewohnheit nicht in Parteiuniform, sondern im Frack.

Daneben fand – schon im Vorfeld – eine Vielzahl von Feiern statt, die weniger repräsentativen als vielmehr massenwirksamen Charakter hatten. In ihrem Versuch, das Gefühl der Zugehörigkeit zu einer Volksgemeinschaft unter den Teilnehmern zu stimulieren und den Volkskörper konkret zu realisieren, ähnelten sie anderen nationalsozialistischen Massenveranstaltungen wie vor allem den Nürnberger Reichsparteitagen. Zu ihnen gehörte die »Schillerhuldigung der deutschen Jugend in Marbach a. N. Zur Sonnwende am 21. Juni 1934«: ein von der Reichsjugendführung und dem Reichs-Rundfunk veranstalteter Staffellauf, bei dem, so die Propaganda, »tausend und abertausend frische blonde und braune Jungen« von vier

Der NS-Faschismus

Punkten an den äußersten Reichsgrenzen und dem Schlageter-Denkmal bei Kaiserwerth aus sternförmig nach Marbach liefen; die in den Staffelhölzern überbrachten »Huldigungsschriften« (pathetische Machwerke, in denen Schiller als Vorbild der deutschen Jugend gepriesen wurde) wurden am Schillerdenkmal verlesen, was im Rundfunk reichsweit übertragen wurde (zit. n. Zeller [Hg.] 1983, Bd. 1, S. 166 ff.).

Neben dem Radio setzten die NS-Faschisten noch auf ein weiteres Massenmedium: das Kino. Der vom Propagandaministerium geförderte Film *Schiller – Triumph eines Genies* von Herbert Maisch (1940) zeigt Schillers Leben von der Karlsschulzeit bis zur Flucht nach Mannheim; neben biographischen Einzelheiten verwendet der Film auch Motive aus Dramen Schillers (offenbar um Wiedererkennungseffekte zu erzielen) sowie aus Heinrich Laubes Schauspiel *Die Karlsschüler* (Ruppelt 1979, S. 126 ff.). Zwar (über-)betont der Film das Moment der Rebellion Schillers, der von dem für seine Darstellung Schillerscher Figuren berühmten Horst Caspar gespielt wird, gegen Carl Eugen (Heinrich George) und seine autoritäre Herrschaft, aber dies bedeutet nur scheinbar einen

Schiller im Propagandafilm

»Schillerhuldigung« 1934: Plan der Laufstrecken

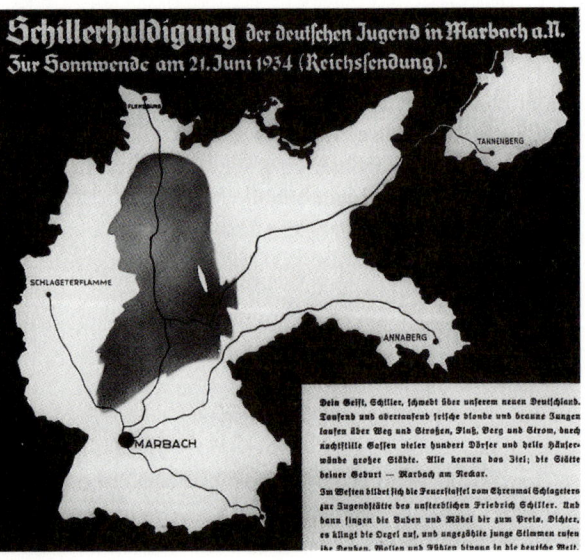

Widerspruch zur NS-faschistischen Ideologie (und ist später fälschlicherweise als Ausdruck der ›inneren Emigration‹ gedeutet worden): Vielmehr steht Schiller im Film für die rassisch begründete Volksgemeinschaft, die ihren Führer aus sich heraus hervorbringt und gegen rationalistische äußere Autorität revoltiert – und dies entspricht exakt dem Selbstbild des NS-Faschismus (Schulte-Sasse 1991).

Schillers 180. Geburtstag dann stand ganz im Zeichen des Zweiten Weltkriegs, der kurz zuvor mit dem deutschen Überfall auf Polen begonnen hatte, und wurde im Wesentlichen in Form von Propaganda begangen. Die Presse wurde angewiesen, Schiller-Zitate zur Untermauerung der außenpolitischen Situation einzusetzen: Mit Zitaten aus der *Jungfrau von Orleans* und *Demetrius* sollte England als materialistisch, Polen als kriegstreiberisch denunziert werden.

1939

In der NS-faschistischen Erziehung spielte die Lektüre der ›klassischen‹ deutschen Dichter als ›Künder und Deuter ihres Volkstums‹ ebenfalls eine wichtige Rolle. Auch Dramen Schillers beinhalten die Lehrpläne (trotz der NS-faschistischen Ablehnung des von der geistesgeschichtlichen Literaturgeschichtsschreibung propagierten Humanitätsideals der Weimarer Klassik); Auszüge aus Texten Schillers sind in den bald nach der Machtübernahme der Nationalsozialisten ausgetauschten Schullesebüchern abgedruckt, aus dem Zusammenhang gerissene Zitate, meist Äußerungen von Figuren, dienen als Themen für Abituraufsätze. Meistzitiert und entsprechend phrasenhaft gedroschen wird erneut der Rütlischwur aus *Wilhelm Tell*. Dieser Text, der in allen Schulformen gelesen wurde, steht beispielhaft für die Skrupel- und die Geistlosigkeit, mit der die Werke Schillers, Goethes, Lessings, Kleists ideologisch funktionalisiert wurden: Während man zunächst stets die Aktualität der klassischen Dichtung betonte, indem man eine Verbindung der Tell-Sage mit der gegenwärtigen politischen Situation herstellte, und der *Tell* folgerichtig nicht nur im Unterricht wieder und wieder behandelt, sondern auch auf den Bühnen oft gespielt wurde, so wurde nach einiger Zeit offenbar deutlich, dass sich der Text der völkischen Ideologie und dem Führerideal gar nicht recht fügte: Weder entspricht

**»Wilhelm Tell«
im Dritten Reich**

Zu Schillers 175. Geburtstag
10. November 1934

Reichsinnenminister Dr. Frick: „Was hat der Kerl geschrieben? »Eine Grenze hat Tyrannenmacht!« Den hätte ich glatt ausgebürgert."

Fotomontage: John Heartfield

Tells Individualismus der Idee der Volksgemeinschaft noch
die Herauslösung der Schweiz (die keinerlei Anstalten machte, ihre Neutralität für einen ›Anschluss‹ ans Deutsche Reich
aufzugeben) aus dem Reichsverband der Heilsidee vom Dritten Reich; und die Tötung Geßlers lässt sich als Rechtfertigung, wenn nicht Verherrlichung des Tyrannenmords deuten.
Auf Wunsch Hitlers wurde im Juni 1941 *Wilhelm Tell* für den
Schulunterricht verboten sowie seine Aufführung als Theater-
stück untersagt. In der Spielzeit 1941/42 wurde der *Tell* nicht

mehr gespielt. Die Vorgänge um die Durchsetzung des Verbotes in der Schule zeigen obendrein exemplarisch das Kompetenzchaos, das für das ›Dritte Reich‹, das im Widerspruch zu seinem Mythos alles andere als effizient organisiert war, so charakteristisch ist (Ruppelt 1979, S. 40 ff.).

Der anti-nationalsozialistische Widerstand nutzte ebenfalls Texte Schillers. 1934 erschien eine berühmte Collage John Heartfields, die die Zensurpraxis des Reichsinnenministers Frick angriff. Das erste Flugblatt der ›Weißen Rose‹ im Sommer 1942 enthielt einen längeren Abschnitt über die Gesetze Spartas aus *Die Gesetzgebung des Lykurgus und Solon* (erschienen im 11. Heft der *Thalia*) – weil in ihm die Inhumanität des NS-faschistischen Staates präfiguriert schien.

Schiller im Widerstand

Auch der 150. Todestag, 1955, und der 200. Geburtstag Schillers, 1959, wurden politisch instrumentalisiert – von beiden deutschen Staaten, im Zeichen des Kalten Krieges. Die Schiller-Feiern des Jahres 1955 in der DDR setzten dabei die Linie der Feiern zum Bach- und zum Beethoven-Jahr (1950 bzw. 1952) fort. Sie dienten zunächst dazu, das »kulturelle Erbe« für die antifaschistisch-demokratische Erneuerung in den Dienst zu nehmen, erhielten dann aber mehr und mehr die Funktion, die nationale Identität zu repräsentieren – nach innen wie nach außen.

In seiner *Rede anläßlich der Schiller-Ehrung der deutschen Jugend in Weimar am 3. April 1955*, die mit dem Ausruf »Wir sind ein Volk!« (der über dreißig Jahre später einen ganz anderen Sinn bekommen sollte) überschrieben war, nahm der damalige Vorsitzende des DDR-Ministerrats, Otto Grotewohl, Schiller für den »Neubau unserer geistigen Existenz« in Anspruch: »Hier, bei uns also, herrscht in Wirklichkeit *der Geist des großen Humanisten Schiller* [...]. *Er steht auf unserer Seite*« (Grotewohl 1955, S. 38 f.).

1955

Auf beiden Seiten des Eisernen Vorhangs wurden scharfe Vorwürfe erhoben, die jeweils andere Seite verfälsche Schiller: Ein Beschluss des Politbüros der SED beschuldigte die »imperialistische Bourgeoisie« der Bundesrepublik, Schillers Freiheitsdenken in kapitalistische Unterdrückung umgedeutet zu haben; auf der Stuttgarter Feier der Deutschen Schillergesellschaft geißelte Theodor Heuss das »arge Unterfangen«, den »völlig wehrlosen Schiller posthum zum unbefragten Ehrenmitglied einer Partei zu machen« (zit. n. Nutz 1990, S. 17 f.). Die Schiller-Feiern der Bundesrepublik gaben sich, wie die größten Teile der Literaturkritik und -wissenschaft der Zeit auch, unpolitisch und betonten die angebliche Überzeitlichkeit der Dichtung. Auch dies ist aber, angesichts der Tatsache, dass eine Auseinandersetzung mit der NS-Vergangenheit bis dahin praktisch nicht stattgefunden hatte, ein Politikum.

1959 Die Feiern des Jahres 1959 nutzten die Gelegenheit zum Dialog in noch geringerem Maße. Erneut wurden heftige Vorwürfe laut: Schiller sei als Ahnherr des Kommunismus missbraucht bzw. für die Propaganda des Kapitalismus benutzt worden. Eine wissenschaftliche Konferenz in Weimar sollte erneut den Alleinvertretungsanspruch der DDR propagieren und die Feierlichkeiten sollten zeigen, wie nahe man dem Ziel schon gekommen war, die Arbeiterklasse (in den Worten Walter Ulbrichts) »die Höhen der Kultur stürmen« zu lassen (zit. n. Nutz 1990, S. 22 f.).

Die letzten Schiller-Feiern in der DDR fanden am 10. November 1984, zu Schillers 225. Geburtstag, statt – zu einem Zeitpunkt, als im öffentlichen Leben des Westens, aus nicht nur kulturpessimistisch zu bewertenden Gründen, Dichterfeiern längst nur noch eine marginale Rolle spielten. Auf der Freifläche hinter dem Weimarer Wohnhaus Schillers wurde der Grundstein für das Schiller-Museum gelegt. Es wurde am 10. November 1988 eingeweiht – als erster und einziger Museumsneubau der DDR.

Kult und Kitsch

Zur Rezeptionsgeschichte Schillers gehört untrennbar das Moment kultischer Verehrung. Sie setzt bereits zu Lebzeiten ein und findet ihren Ausdruck auch in solchen Merkwürdigkeiten wie den Räuberbanden, die Leipziger Studenten nach dem Vorbild von Schillers *Räubern* gegründet haben – selbst wenn deren Gefährlichkeit von den Zeitgenossen übertrieben worden sein oder es sich gar um einen bloßen Mythos handeln sollte. Insofern liegt hier tatsächlich ein Pendant zum berühmten Wertherfieber vor.

Endgültig etablierte sich ein Kult um Schiller unmittelbar nach dessen Tod. Eine Reihe von Theatern veranstaltete Gedenkfeiern für den hoch gerühmten Dramatiker; die erste von ihnen fand am 6. Juni 1805 in Königsberg statt. Stets handelte es sich um pathetische Feiern mit antikisierenden Requisiten. Am 10. August veranstaltete das Weimarer Hoftheater unter Goethes Leitung in Lauchstädt eine Totenfeier. Goethe hatte zunächst ein Festspiel geplant, ließ dann aber die drei letzten Akte von *Maria Stuart* aufführen, gefolgt von einer szenischen Lesung des »Liedes von der Glocke«. Daran schloss sich ein von Goethe verfasster »Epilog« an, der 1806 und später noch zweimal, 1810 und 1815, jeweils erweitert, auch in Weimar zu Ehren des Toten aufgeführt wurde. Der Text zeichnet das Bild eines Menschen, der schon früh »dem Leiden« und »dem Tod vertraut« gewesen ist (FA, Bd. 6, S. 903–906, V. 82) und dessen Kunst in zäher Ausdauer einem stets bedroht scheinenden Leben abgerungen werden musste: »Indessen schritt sein Geist gewaltig fort / In's Ewige des Wahren, Guten, Schönen« (V. 19 f.). Der literarischen Kritik erschien diese Form der Feier, und besonders der szenischen Umsetzung des Textes, der Größe Schillers (und Goethes) aber wenig angemessen (Oellers 1967, S. 52 ff.).

Schiller-Kult

Ein besonders pittoreskes Schauspiel müssen die »lebenden Bilder« aus dem »Lied von der Glocke« geboten haben, die zu den Feierlichkeiten anlässlich von Schillers 100. Geburtstag allenthalben in Deutschland aufgeführt wurden. Dabei wurde das ursprünglich aus den adligen Salons stammende Gesellschaftsspiel des *tableau vivant*, bei dem – wie Goethe etwa in den *Wahlverwandtschaften* darstellt – meist bekannte Gemälde von verkleideten Damen und Herren der Gesellschaft nachgestellt wurden, umfunktioniert. Hier nun wurde ein Text bebildert – dargestellt wurden etwa bei einer Feier des Hamburger Bildungsvereins für Arbeiter das »Walten« der Hausfrau oder die Feuersbrunst. Eine Glockengießerei in Apolda schließlich setzte als ihren Beitrag zu den Feierlichkeiten Schillers Gedicht dadurch in Szene, dass sie am 10. No-

»Lebende Bilder«

vember 1859 öffentlich fünf Glocken goss (Gerhard 1994, S. 239 ff.).

In den ersten Jahren nach seinem Tod war Schiller meistgefeierter und populärster Autor, galt als, wie es immer wieder hieß, »Dichter des Volkes« (Oellers 1967, S. 306 f.). Hierbei handelt es sich offenbar um einen frühen massenmedialen Effekt: Vor allem Zeitschriften fügten aus Zitat-Versatzstücken und Gerüchten über sein Leben eine mythische Figur nach den Bedürfnissen der Konsumenten zusammen.

Auch das Medium technisch reproduzierter Bilder wurde zur Herstellung eines Mythos mit Warencharakter eingesetzt. Es erschien eine Vielzahl von Kupferstich-Illustrationen zu einzelnen Dramen Schillers in Kalendern und Taschenbüchern. Und auch das Kunsthandwerk blieb nicht untätig beim Versuch, das symbolische Kapital der etablierten Marke Schiller in ökonomisches zu transferieren. Produziert wurden etwa Porzellanpfeifenköpfe mit Goethe- und Schiller-Porträts. Weder das Phänomen der Vermarktung von ideellen Werten noch die Klage darüber (noch schließlich die Behauptung, es handele sich um eine Form von Amerikanisierung) sind Erfindungen des 20. Jahrhunderts. Bereits im November 1859 polemisiert der spätere preußische Historiker und Publizist Heinrich von Treitschke gegen »diesen amerikanischen Humbug mit Schillerseife, Schillercigarren und Gott weiß was« (zit. n. Gerhard 1994, S. 236).

Im Bereich der Mode etabliert sich im 19. Jahrhundert der offene Rüschenkragen als Schillerkragen, und gleich zwei kulinarische Köstlichkeiten tragen den Namen des Dichters: Schillerlocken heißen, in Anlehnung an sein gewelltes Haupthaar, sowohl mit Schlagsahne gefüllte Blätterteigröllchen wie auch geräucherte Bauchlappen des Dornhais. Lediglich am Schillerwein ist Friedrich Schiller gänzlich unschuldig – denn der heißt so, weil er schillert.

Schillerlocken, Schillerkragen

Zum Kult um den Dichter gehören auch die Anekdoten und Legenden, die im Wesentlichen der Bestätigung des einmal gefassten Vorurteils dienen. In ihnen erscheint Schiller als Verkörperung genau der Momente des Edlen und Erhabenen, des »Wahren, Guten, Schönen«, das schon Goethes »Epilog

Locken über
dem Kragen

zu Schillers Glocke« als Hauptmerkmal seines Werks etabliert
hatte.

Zu den Merkwürdigkeiten, die Schiller wieder und wieder
nachgesagt werden, zählt neben der Neigung zur Unreinlich-
keit, der Vorliebe fürs Kartenspiel, dem exzessiven Genuss
von Schnupftabak zu allen möglichen (und einigen unmög-
lichen) Gelegenheiten, auch die Geschichte mit den faulen
Äpfeln: Im dritten Teil seiner *Gespräche mit Goethe* teilt Jo- Faule Äpfel
hann Peter Eckermann unter dem Datum des 7. Oktober
1827 die – bereits 1833 vom herzoglichen Leibarzt Carl Vogel
publizierte – Anekdote mit, der zufolge Goethe einmal Schiller besuchen wollte, nur seine Frau antraf und sich während
der Wartezeit an Schillers Arbeitstisch gesetzt habe, um sich

Notizen zu machen. Dabei habe ihn ein »heimliches Übelbefinden [...] überschlichen«, das sich so gesteigert habe, dass Goethe »endlich einer Ohnmacht nahe war«. Auf der Suche nach der Ursache habe er bemerkt, dass »aus einer Schieblade [...] ein sehr fataler Geruch strömte«: Sie sei mit faulen Äpfeln angefüllt gewesen. Schillers Frau schließlich habe Goethe erklärt, »daß die Schieblade immer mit faulen Äpfeln gefüllt sein müsse, indem dieser Geruch Schillern wohltue und er ohne ihn nicht leben und arbeiten könne« (FA, Bd. 39, S. 632). Gegen die Glaubwürdigkeit dieser bis ins 20. Jahrhundert außerordentlich populären Anekdote kann angeführt werden, dass der dritte Band von Eckermanns *Gesprächen* (der 1848, zwölf Jahre nach den ersten beiden, erschien) generell in Verdacht steht, vom Autor aus marktstrategischen Erwägungen mit allerlei Zweifelhaftem gefüllt worden zu sein – und dass es irritiere, dass von den vielen Besuchern Schillers, die ebenfalls von ihren Besuchen berichten, nur Goethe den Apfelgeruch bemerkt haben soll (Oellers [Hg.] 1976, S. 586). Dagegen kann nun wiederum eingewandt werden, dass tatsächlich wohl die wenigsten Besucher an Schillers Schreibtisch Platz genommen haben werden; und dass der Geruch fauler Äpfel »für den kranken Schiller therapeutisch wirksam« war, ist ebenfalls nicht völlig auszuschließen (Hertl 1998, S. 236).

Was bleibt? Während Schillerlocken, vegetarisch oder nicht, weiter produziert und verzehrt werden, ist eine Renaissance der Schillerzigarre wohl eher nicht zu erwarten: weil die von der Zigarre vormals symbolisierte, ungebrochen phallische Kopplung von Geist, Geld und Macht nicht mehr besteht. Dass sich aus der Lektüre der Texte Schillers immer noch Gewinn ziehen lässt, wird sich hingegen kaum bestreiten lassen. Dabei wird sich jeder Leser notwendigerweise seinen eigenen Schiller konstruieren: aus dessen Texten, aus biographischem Hintergrundwissen, aus Anekdoten; als Pathetiker, als kranken Klassiker, als ebenso bemerkenswerten wie merkwürdigen Zeitgenossen.

Anhang

Zeittafel

1759 10. 11.: Schiller wird in Marbach am Neckar geboren.

1765 Besuch der Dorfschule in Lorch.

1766 23. 1.: Schillers Schwester Louise Dorothea Katharina wird geboren.

1767 Anfang des Jahres: Eintritt in die Lateinschule in Ludwigsburg.

1773 16. 1.: Eintritt in die »Militär-Pflanzschule« des Herzogs Carl Eugen, die spätere ›Karlsschule‹.

1776 Anfang des Jahres: Aufnahme des Medizinstudiums.

1777 8. 9.: Die jüngste Schwester, Karoline Christiane (Nanette), wird geboren.

1779 8. 11.: Ablehnung der ersten medizinischen Dissertation.

1780 1. 11.: Schiller reicht die zweite Dissertation, *De discrimine febrium inflammatoriarum et putridarum*, ein. – Anfang November: Einreichung der dritten Dissertation: *Versuch über den Zusammenhang der tierischen Natur des Menschen mit seiner geistigen.* – 15. 12.: Schiller wird aus der Militär-Akademie entlassen und als Regimentsmedikus in Stuttgart eingestellt.

1782 13. 1.: Uraufführung der *Räuber* in Mannheim. – 22.-24. 9.: Schiller flieht zusammen mit Andreas Streicher von Stuttgart nach Mannheim.

1783 1. 9.: Anstellung als Theaterdichter in Mannheim. – Erkrankung an Malaria.

1784 31. 8.: Ende des Vertrags als Mannheimer Theaterdichter. – 27. 12.: Schiller wird von Carl August von Sachsen-Weimar zum Weimarischen Rat ernannt.

1785 17. 4.: Ankunft in Leipzig. – Begegnung mit Ludwig Ferdinand Huber. – 1. 7.: Erste Begegnung mit Christian Gottfried Körner.

1787 21. 7.: Ankunft in Weimar. – 6. 12.: Begegnung mit Charlotte von Lengefeld und Caroline von Beulwitz in Rudolstadt.

1788 7. 9.: Flüchtige Begegnung mit Goethe in Rudolstadt.

1789 21.1.: Schiller wird zum außerordentlichen Professor der Philosophie an der Universität Jena ernannt. – 26.5.: Antrittsvorlesung *Was heißt und zu welchem Ende studiert man Universalgeschichte?*

1790 2.1.: Ernennung zum sachsen-meiningischen Hofrat. – 22.2.: Schiller heiratet Charlotte von Lengefeld in Wenigenjena. – 31.10.: Förmlicher Besuch Goethes bei Schiller in Jena.

1791 3.1.: Teilnahme an einer Akademie-Sitzung in Erfurt; schwere Erkrankung an fiebriger Lungenentzündung. – Ende Juni: Totenfeier für Schiller bei Kopenhagen durch den Grafen Schimmelmann und den Dichter Jens Baggesen.

1793 13.7.: Beginn der Briefe an den ›Augustenburger‹ (später: *Über die ästhetische Erziehung des Menschen*). – 14.9.: Schillers erster Sohn, Karl, wird geboren.

1794 20.7.: Tagung der Naturforschenden Gesellschaft in Jena; erstes intensives Gespräch zwischen Schiller und Goethe (»Glückliches Ereignis«).

1795 8.6.: Abschluss der Briefe *Über die ästhetische Erziehung des Menschen*. – Nach sechs Jahren Rückkehr von der Theorie zur poetischen Praxis.

1796 3.-17.1./16.2.-16.3.: Goethe in Jena; gemeinsame Produktion der *Xenien*. – 28.6.-11.7.: Ausführlicher Briefwechsel über Goethes *Wilhelm Meisters Lehrjahre*. – 11.7.: Schillers zweiter Sohn, Ernst, wird geboren. – 29.9.: Erscheinen des *Musen-Almanachs für das Jahr 1797*, des so genannten ›Xenien-Almanachs‹.

1798 7.5.: Schiller zieht ins Jenaer Gartenhaus ein.

1799 11.10.: Die erste Tochter, Caroline, wird geboren. – 3.12.: Umzug nach Weimar.

1802 29.4.: Einzug ins heutige Schillerhaus an der Esplanade in Weimar. Tod der Mutter. – 16.11.: Schiller empfängt das Adelsdiplom aus Wien (mit Datum vom 7. September).

1803 15.12.: Erste Begegnung mit Madame de Staël in Weimar.

1804 26.4.-21.5.: Reise nach Berlin. – 25.7.: Die zweite Tochter, Emilie, wird geboren.

1805 1.5.: Letzte Begegnung mit Goethe; Ausbruch der letzten Krankheit. – 9.5.: Schillers Tod.

Bibliographie

Der vorliegende Band verdankt auch dort vieles der Forschungslitera-
tur zu Schiller, wo dies nicht im Einzelnen vermerkt ist.

Werkausgaben

Schillers Werke werden zitiert nach:
Friedrich Schiller: Werke und Briefe in zwölf Bänden, hg. v. Otto Dann,
Heinz Gerd Ingenkamp, Rolf-Peter Janz u. a., 12 Bde., Frankfurt a. M.
1992-2004 (WB)
Schillers Werke. Nationalausgabe Werke. Begründet v. Julius Petersen,
fortgeführt v. Lieselotte Blumenthal, Benno von Wiese und Siegfried
Seidel, hg. v. Norbert Oellers, Weimar 1943 ff. (NA)
Goethes Werke werden zitiert nach:
Johann Wolfgang Goethe: Sämtliche Werke. Briefe, Tagebücher und
Gespräche, hg. v. Friedmar Apel, Hendrik Birus, Dieter Borchmeyer
u. a., 40 Bde., Frankfurt a. M. 1985 ff. (FA)

Kommentierte Auswahlbibliographie

– Alt, Peter-André, *Schiller. Leben – Werk – Zeit*, 2 Bde., München 2000.
(Höchst informative Gesamtdarstellung, die Leben und Werk vor dem
historischen Hintergrund in Beziehung setzt.)
– Dann, Otto/Oellers, Norbert/Osterkamp, Ernst (Hg.), *Schiller als Historiker*, Stuttgart/Weimar 1995. (Sammlung von instruktiven Aufsätzen
zu zentralen Einzelaspekten der historischen Schriften.)
– Darsow, Götz-Lothar, *Friedrich Schiller*, Stuttgart/Weimar 2000. (Informative Gesamtdarstellung von Leben und Werk.)
– Gellhaus, Axel/Oellers, Norbert (Hg.), *Schiller. Bilder und Texte zu
seinem Leben*, unter Mitarbeit von Georg Kurscheidt und Ursula Nau-
mann mit einem Beitrag von Roswitha Klaiber. In Verbindung mit der
Deutschen Schillergesellschaft. Photographie und Gestaltung von Ru-
dolf Straub, Köln/Weimar/Wien 1999. (Ansprechend gestalteter Bild-
band mit Darstellung entscheidender biographischer »Szenen«.)
– Hinderer, Walter (Hg.), *Interpretationen. Schillers Dramen*, Stuttgart
1992. (Sammlung von umfassenden Gesamtdeutungen der wichtigsten
Dramen.)
– Hofmann, Michael, *Schiller. Epoche – Werk – Wirkung*, München
2003. (Informative Gesamtdarstellung mit exemplarischen Textana-
lysen.)
– Koopmann, Helmut (Hg.), *Schiller-Handbuch*, in Zusammenarbeit mit
der Deutschen Schillergesellschaft Marbach, Stuttgart 1998. (Instruk-

tive Darstellungen zu allen Texten und wichtigen Aspekten des Werks, jeweils mit Forschungsübersicht.)

– Oellers, Norbert, *Friedrich Schiller. Zur Modernität eines Klassikers*, in: Michael Hofmann, Frankfurt a. M./Leipzig 1996. (Sammlung von informativen Aufsätzen des Herausgebers der Schiller-Nationalausgabe.)

– Ders. (Hg.), *Schiller – Zeitgenosse aller Epochen. Dokumente zur Wirkungsgeschichte Schillers in Deutschland*, Teil I : 1782-1859/Teil II : 1860-1966, Frankfurt a. M. 1970/München 1976. (Kommentierte Sammlung wichtiger Zeugnisse zur Rezeptionsgeschichte Schillers.)

– Ders. (Hg.), *Interpretationen. Gedichte von Friedrich Schiller*, Stuttgart 1996. (Sammlung von Gesamtdeutungen der wichtigsten lyrischen Texte.)

– Schings, Hans-Jürgen, *Die Brüder des Marquis Posa. Schiller und der Geheimbund der Illuminaten*, Tübingen 1996. (Detaillierte Analyse von Schillers Auseinandersetzung mit den Illuminaten.)

– Schöne, Albrecht, *Schillers Schädel*, München 2002. (Informative Darstellung der Vorgänge um Schillers Bestattung samt einer einfühlsamen Deutung von Goethes Gedicht.)

– Wilpert, Gero von, *Schiller-Chronik. Sein Leben und Schaffen*, Stuttgart 2000. (Unverzichtbares Hilfsmittel, das anhand von Briefen Schillers und anderer Leben und Werkgeschichte chronikalisch darstellt.)

Weitere Literatur

– Albert, Claudia, »Schiller«/»Schiller als Kampfgenosse?«, in: Albert, Claudia (Hg.), *Deutsche Klassiker im Nationalsozialismus. Schiller – Kleist – Hölderlin*, Stuttgart/Weimar 1994, S. 14-17/48-76.

– Dies., »Schiller im 20. Jahrhundert«, in: Koopmann (Hg.) 1998, S. 773-794.

– Berghahn, Klaus L., »Der Deutschen liebstes Lied« [zu: »Das Lied von der Glocke«], in: Oellers (Hg.) 1996, S. 268-281.

– Boerner, Peter, »Schiller im Ausland: Dichter-Denker und Herold der nationalen Befreiung«, in: Koopmann (Hg.) 1998, S. 795-808.

– Böttiger, Karl August, *Literarische Zustände und Zeitgenossen. Begegnungen und Gespräche im klassischen Weimar*, hg. v. Klaus Gerlach und René Sternke, Berlin 1998.

– Borchmeyer, Dieter, »›Altes Recht‹ und Revolution. Schillers ›Wilhelm Tell‹«, in: Wittkowski, Wolfgang (Hg.), *Friedrich Schiller. Kunst, Humanität und Politik in der späten Aufklärung. Ein Symposium*, Tübingen 1982, S. 69-111.

– Ders., »Die Tragödie vom verlorenen Vater. Der Dramatiker Schiller und die Aufklärung – Das Beispiel der ›Räuber‹«, in: Brandt, Helmut (Hg.), *Friedrich Schiller. Angebot und Diskurs. Zugänge, Dichtung, Zeitgenossenschaft*, Berlin/Weimar 1987, S. 160-184.

– Ders., *Macht und Melancholie. Schillers Wallenstein*, Frankfurt a. M. 1988.

– Ders., »Goethes und Schillers Sicht der niederländischen ›Revolution‹«, in: Dann/Oellers/Osterkamp (Hg.) 1995, S. 149-155.

– Brittnacher, Hans Richard, »Die Räuber«, in: Koopmann (Hg.) 1998, S. 326-353.

– Brusniak, Friedhelm, »Schiller und die Musik«, in: Koopmann (Hg.) 1998, S. 167-189.

– Büchner, Georg, *Sämtliche Werke, Briefe und Dokumente in zwei Bänden*, hg. v. Henri Poschmann unter Mitarbeit von Rosemarie Poschmann, Frankfurt a. M. 1992/1999.

– Chamisso, Adelbert von, *Sämtliche Werke*, Bd. 1: Prosa, Dramatisches, Gedichte, Nachlese der Gedichte, Darmstadt 1975.

– Eagleton, Terry, *Ästhetik. Die Geschichte ihrer Ideologie*. Aus dem Englischen von Klaus Laermann, Stuttgart/Weimar 1994.

– Eder, Jürgen, »Schiller als Historiker«, in: Koopmann (Hg.) 1998, S. 653-698.

– Eichhorn, Andreas, *Beethovens Neunte Symphonie. Die Geschichte ihrer Aufführung und Rezeption*, Kassel u. a. 1993.

– Fallbacher, Karl-Heinz, »Fichtes Entlassung«, in: *Archiv für Kulturgeschichte* 67, 1985, S. 111-135.

– Frick, Werner, »Der ›Maler der Menschheit‹. Philosophische und poetische Konstruktionen der Gattungsgeschichte bei Schiller«, in: Dann/Oellers/Osterkamp (Hg.) 1995, S. 77-107.

– Fricke, Harald, »Schiller und Verdi. Das Libretto als Textgattung zwischen Schauspiel und Literaturoper«, in: Fischer, Jens Malte (Hg.), *Oper und Operntext*, Heidelberg 1985, S. 95-115.

– Frisch, Max, *Wilhelm Tell für die Schule*, in: ders.: *Gesammelte Werke in zeitlicher Folge*, Bd. VI: 1968-1975, hg. v. Hans Mayer unter Mitw. v. Walter Schmitz, Frankfurt a. M. 1976, S. 405-469.

– Frühwald, Wolfgang/Schmitz, Walter, *Max Frisch. Andorra/Wilhelm Tell. Materialien, Kommentare*, München/Wien 1977.

– Gerhard, Ute, *Schiller als »Religion«. Literarische Signaturen des XIX. Jahrhunderts*, München 1994.

– Grotewohl, Otto, »Wir sind ein Volk! Rede anläßlich der Schiller-Ehrung der deutschen Jugend in Weimar am 3. April 1955«, in: Schiller-

Komitee (Hg.), *Schiller in unserer Zeit. Beiträge zum Schillerjahr 1955*, Weimar 1955, S. 23-39.

– Guthke, Karl S., »›Die Jungfrau von Orleans‹. Sendung und Witwenmachen«, in: Knobloch, Hans-Jörg/Koopmann, Helmut (Hg.), *Schiller heute*, Tübingen 1996, S. 115-130.

– Ders., »Die Braut von Messina«, in: Koopmann (Hg.) 1998, S. 466-485 (zit. als Guthke 1998 a).

– Ders., »Maria Stuart«, in: Koopmann (Hg.) 1998, S. 415-441 (zit. als Guthke 1998 b).

– Hagen, Wolfgang, *Die Schillerverehrung in der Sozialdemokratie. Zur ideologischen Formation proletarischer Kulturpolitik vor 1914*, Stuttgart 1977.

– Hecker, Max (Hg.), *Schillers Persönlichkeit. Urtheile der Zeitgenossen und Documente. 1. Teil*, Weimar 1904.

– Heine, Heinrich, *Die Romantische Schule*, in: ders.: *Werke*, Bd. 4: Schriften über Deutschland, hg. v. Helmut Schanze, Frankfurt a. M. 1968, S. 166-298.

– Hertl, Michael, »Schillers faule Äpfel«, in: *Goethe-Jahrbuch* 115, 1998, S. 231-236.

– Hinderer, Walter, »Wallenstein«, in: Hinderer (Hg.) 1992, S. 202-279.

– Hofmann, Michael, »Die unaufhebbare Ambivalenz historischer Praxis und die Poetik des Erhabenen in Friedrich Schillers ›Wallenstein‹-Trilogie«, in: *Jahrbuch der Deutschen Schillergesellschaft* 43, 1999, S. 241-265.

– Huschke, Wolfram, *Schiller-Vertonungen im frühen 19. Jahrhundert*, Marbach 1993.

– Janz, Rolf-Peter, »Schillers ›Kabale und Liebe‹ als bürgerliches Trauerspiel«, in: *Jahrbuch der Deutschen Schillergesellschaft* 20, 1976, S. 208-228.

– Ders., »Antike und Moderne in Schillers ›Braut von Messina‹«, in: Barner, Wilfried/Lämmert, Eberhard/Oellers, Norbert (Hg.), *Unser Commercium. Goethes und Schillers Literaturpolitik*, Stuttgart 1984, S. 329-349.

– Ders., »Die Verschwörung des Fiesco zu Genua«, in: Hinderer (Hg.) 1992, S. 68-104.

– Jean Paul, *Vorschule der Ästhetik*, in: ders.: *Sämtliche Werke*, hg. v. Norbert Miller, Abt. I, 5. Bd., München/Wien 1963, S. 7-514.

– Ders., *Titan*. Mit einem Nachwort von Ralph-Rainer Wuthenow, Frankfurt a. M. 1983.

– Kaiser, Gerhard, »Idylle und Revolution. Schillers ›Wilhelm Tell‹«, in:

Deutsche Literatur und Französische Revolution. Sieben Studien, Göttingen 1974, S. 87-128.

– Knobloch, Hans-Jörg, »Wilhelm Tell«, in: Koopmann (Hg.) 1998, S. 486-512.

– Koopmann, Helmut, »Kabale und Liebe«, in: Koopmann (Hg.) 1998, S. 365-378 (zit. als Koopmann 1998a).

– Ders., »Schillers Erzählungen«, in: Koopmann (Hg.) 1998, S. 699-710 (zit. als Koopmann 1998b).

– Ders., »Die Verschwörung des Fiesko zu Genua«, in: Koopmann (Hg.) 1998, S. 354-364 (zit. als Koopmann 1998c).

– Kurscheidt, Georg, »Schiller als Lyriker«/»Der Lyriker Schiller als Publizist«, in: WB, Bd. 1 [1992], S. 749-803/804-830.

– Lessing, Gotthold Ephraim, *Hamburgische Dramaturgie*, hg. v. Kurt Wölfel, Frankfurt a. M. 1986.

– Lindtberg, Leopold, »›Sprich, wie geschieht's, daß rastlos erneut die Bildungen schwanken...‹ oder: ›Play Schiller!‹«, in: *Schau-Bühne. Schillers Dramen 1945-1984. Eine Ausstellung des Deutschen Literaturarchivs und des Theatermuseums der Universität zu Köln.* Ausstellung und Katalog: Hans-Dieter Mück und Helmut Grosse in Zusammenarbeit mit Viktoria Fuchs und Margot Pehle, Ulrike Köhler, Uwe Schareck, Sabine Barth und Horst Rondorf, Marbach 1984, S. 15-26.

– Mann, Thomas, *Versuch über Schiller*, Berlin/Frankfurt a. M. 1955.

– Ders., »Schwere Stunde«, in: ders.: *Frühe Erzählungen*, hg. v. Peter de Mendelssohn, Frankfurt a. M. 1981, S. 376-384.

– Marggraf, Wolfgang, *Schiller auf der italienischen Opernbühne*, Marbach 1993.

– Martini, Fritz, »Die feindlichen Brüder. Zum Problem des gesellschaftskritischen Dramas von J. A. Leisewitz, F. M. Klinger und F. Schiller«, in: *Jahrbuch der deutschen Schillergesellschaft* 16, 1972, S. 208-265.

– Mayer, Mathias, »Nachwort«, in: Friedrich Schiller, *Der Geisterseher. Aus den Memoires des Grafen von O***, hg. v. Mathias Mayer, Stuttgart 1996, S. 219-242.

– Muhlack, Ulrich, »Schillers Konzept der Universalgeschichte zwischen Aufklärung und Historismus«, in: Dann/Oellers/Osterkamp (Hg.) 1995, S. 5-28.

– Noltenius, Rainer, *Dichterfeiern in Deutschland. Rezeptionsgeschichte als Sozialgeschichte am Beispiel der Schiller- und Freiligrath-Feiern*, München 1984.

– Nutz, Maximilian, »Der verhinderte Dialog. Zu den Schiller-Feiern von

1955 und 1959 im geteilten Deutschland«, in: *Literatur für Leser*, 1990, S. 14-28.

– Oellers, Norbert, *Schiller. Geschichte seiner Wirkung bis zu Goethes Tod. 1805-1832*, Bonn 1967.

– Osterkamp, Ernst, »Die Seele des historischen Subjekts. Historische Portraitkunst in Friedrich Schillers *Geschichte des Abfalls der Vereinigten Niederlande von der Spanischen Regierung*«, in: Dann/Oellers/ Osterkamp (Hg.) 1995, S. 157-178.

– Otto, Regine, »Die Auseinandersetzung um Schillers ›Horen‹«, in: Dahnke, Hans-Dietrich/Leistner, Bernd (Hg.), *Debatten und Kontroversen. Literarische Auseinandersetzungen in Deutschland am Ende des 18. Jahrhunderts*, Bd. 1, Berlin/Weimar 1989, S. 385-450.

– Pestalozzi, Karl, »Ferdinand II. in Schillers *Geschichte des Dreißigjährigen Kriegs*. Die Rechtfertigung eines Üblen«, in: Dann/Oellers/ Osterkamp (Hg.) 1995, S. 179-190.

– Ders., »Die suggestive Wirkung der Kunst [zu: »Die Kraniche des Ibycus«]«, in: Oellers (Hg.) 1996, S. 223-236.

– Petersen, Julius (Hg.), *Schillers Persönlichkeit. Urtheile der Zeitgenossen und Documente*. 2./3. Teil, Weimar 1908/09.

– Piedmont, Ferdinand, »Einleitung. Schiller spielen 1945-1985: Ein Überblick«, in: Piedmont (Hg.) 1990, S. 1-17.

– Ders. (Hg.), *Schiller spielen. Stimmen der Theaterkritik 1946-1985. Eine Dokumentation*, Darmstadt 1990.

– Reed, Terence J., »Thomas Mann und die literarische Tradition«, in: Koopmann, Helmut (Hg.), *Thomas-Mann-Handbuch*, Stuttgart [3]2001, S. 95-136.

– Reinhardt, Hartmut, »Don Karlos«, in: Koopmann (Hg.) 1998, S. 379-394 (zit. als Reinhardt 1998a).

– Ders., »Wallenstein«, in: Koopmann (Hg.) 1998, S. 395-414 (zit. als Reinhardt 1998b).

– Riedel, Wolfgang, »*Der Spaziergang*«. Ästhetik der Landschaft und Geschichtsphilosophie der Natur bei Schiller, Würzburg 1989.

– Ders., ›*Homo natura*‹. *Literarische Anthropologie um 1900*. Berlin/ New York 1996.

– Roßmann, Andreas, »Kalenderdenken als Rezeptionsmuster. Zu Tradition und Praxis der Schiller-Ehrungen in der DDR: Auch ein Beitrag zum 225. Geburtstag des Dichters«, in: Piedmont (Hg.) 1990, S. 283-297.

– Ruppelt, Georg, *Schiller im nationalsozialistischen Deutschland. Der Versuch einer Gleichschaltung*, Stuttgart 1979.

– Sauder, Gerhard, »Die Jungfrau von Orleans«, in: Hinderer (Hg.) 1992, S. 336-384.

– Sautermeister, Gert, »Maria Stuart«, in: Hinderer (Hg.) 1992, S. 280-335.

– Scherpe, Klaus R., »›Die Räuber‹«, in: Hinderer, Walter (Hg.), *Schillers Dramen. Neue Interpretationen*, Stuttgart 1979, S. 9-36.

– Schulte-Sasse, Linda, »National Socialism's Aestheticization of Genius. The Case of Herbert Maisch's *Friedrich Schiller – Triumph eines Genies*«, in: *The Germanic Review* 66, 1991, S. 4-15.

– Schulz, Gudrun, *Die Schillerbearbeitungen Bertolt Brechts. Eine Untersuchung literarhistorischer Bezüge im Hinblick auf Brechts Traditionsbegriff*, Tübingen 1972.

– Schulz, Gerhard, »Schillers *Wallenstein* zwischen den Zeiten«, in: Hinck, Walter (Hg.), *Geschichte als Schauspiel*, Frankfurt a. M. 1981, S. 116-132.

– Schwarzbauer, Franz, *Die Xenien. Studien zur Vorgeschichte der Weimarer Klassik*, Stuttgart/Weimar 1993.

– de Staël, Madame, *Kein Herz, das mehr geliebt hat. Eine Biographie in Briefen*, hg. v. Georges Solovieff, Frankfurt a. M. 1986.

– Steinhagen, Harald, »Der junge Schiller zwischen Marquis de Sade und Kant. Aufklärung und Idealismus«, in: *Deutsche Vierteljahrsschrift für Literaturwissenschaft und Geistesgeschichte* 56, 1982, S. 135-157.

– Szondi, Peter, »Das Naive ist das Sentimentalische. Zur Begriffsdialektik in Schillers Abhandlung«, in: *Euphorion* 66, 1972, S. 174-206.

– Ueding, Gert, »Wilhelm Tell«, in: Hinderer (Hg.) 1992, S. 385-425.

– Utz, Peter, *Die ausgehöhlte Gasse. Stationen der Wirkungsgeschichte von Schillers »Wilhelm Tell«*, Königstein/Ts. 1984.

– Wilson, W. Daniel, *Geheimräte gegen Geheimbünde. Ein unbekanntes Kapitel der klassisch-romantischen Geschichte Weimars*, Stuttgart 1991.

– Zelle, Carsten, *Die doppelte Ästhetik der Moderne. Revisionen des Schönen von Boileau bis Nietzsche*, Stuttgart/Weimar 1995.

– Zeller, Bernard (Hg.), *Klassiker in finsteren Zeiten. 1933-1945. Eine Ausstellung des Deutschen Literaturarchivs im Schiller-Nationalmuseum Marbach am Neckar.* Ausstellung und Katalog in Zusammenarbeit mit Friederike Brüggemann, Eva Dambacher, Hildegard Dieke und Friedrich Pfäfflin, 2 Bde., Marbach 1983.

Personenregister

Werkregister

Die mit einem (G) versehenen Titel bezeichnen einzelne Gedichte.

Bildnachweis

Deutsches Theatermuseum, München (Foto: Ilse Buhs): 127

Schiller-Nationalmuseum/Deutsches Literaturarchiv, Marbach: 3, 7, 11, 12, 16, 17, 19, 26, 29, 32, 33, 45, 50, 52, 65, 77, 82, 92, 113, 116, 122, 133, 136, 138

Stiftung Weimarer Klassik, Weimar: 40, 56, 59, 96

Alle anderen Abbildungen stammen aus dem Archiv des Insel Verlags, Frankfurt am Main

Für die Wiedergabe des Werkes von John Heartfield: © The Heartfield Community of Heirs/VG Bild-Kunst, Bonn 2004

Umschlagabbildung: Franz Gerhard von Kügelgen. Friedrich von Schiller (Ausschnitt), 1808/09. Freies Deutsches Hochstift, Frankfurt am Main. Foto: Ursula Edelmann